T0198934

essentials

essentials liefern aktuelles Wissen in konzentrierter Form. Die Essenz dessen, worauf es als „State-of-the-Art" in der gegenwärtigen Fachdiskussion oder in der Praxis ankommt. *essentials* informieren schnell, unkompliziert und verständlich

- als Einführung in ein aktuelles Thema aus Ihrem Fachgebiet
- als Einstieg in ein für Sie noch unbekanntes Themenfeld
- als Einblick, um zum Thema mitreden zu können

Die Bücher in elektronischer und gedruckter Form bringen das Expertenwissen von Springer-Fachautoren kompakt zur Darstellung. Sie sind besonders für die Nutzung als eBook auf Tablet-PCs, eBook-Readern und Smartphones geeignet. *essentials:* Wissensbausteine aus den Wirtschafts-, Sozial- und Geisteswissenschaften, aus Technik und Naturwissenschaften sowie aus Medizin, Psychologie und Gesundheitsberufen. Von renommierten Autoren aller Springer-Verlagsmarken.

Weitere Bände in der Reihe http://www.springer.com/series/13088

Miriam Landes · Eberhard Steiner ·
Tatjana Utz · Ralf Wittmann

Erfolgreich und gesund im Homeoffice arbeiten

Impulse für Mitarbeitende und Teams für eine gelungene Zusammenarbeit

Springer Gabler

Miriam Landes
Erding, Deutschland

Eberhard Steiner
München, Deutschland

Tatjana Utz
München, Deutschland

Ralf Wittmann
Waldbronn, Deutschland

ISSN 2197-6708   ISSN 2197-6716   (electronic)
essentials
ISBN 978-3-658-32632-6   ISBN 978-3-658-32633-3   (eBook)
https://doi.org/10.1007/978-3-658-32633-3

Die Deutsche Nationalbibliothek verzeichnet diese Publikation in der Deutschen Nationalbiblio-
grafie; detaillierte bibliografische Daten sind im Internet über http://dnb.d-nb.de abrufbar.

Planung/Lektorat: Christine Sheppard
Springer Gabler ist ein Imprint der eingetragenen Gesellschaft Springer Fachmedien Wiesbaden
GmbH und ist ein Teil von Springer Nature.
Die Anschrift der Gesellschaft ist: Abraham-Lincoln-Str. 46, 65189 Wiesbaden, Germany

Was Sie in diesem *essential* finden können

Heimarbeitsplätze (Homeoffice) sind in vielen Unternehmen umgesetzt oder in Planung. Sogar Überlegungen zu einem gesetzlichen Anspruch auf Homeoffice werden diskutiert. Jüngere Generationen von Mitarbeitenden stellen neue Anforderungen an ihre (zukünftigen) Arbeitgeber hinsichtlich Flexibilität und ortsungebundenes Arbeiten. Mitarbeitende sehen sich im Homeoffice einer Arbeitssituation gegenüber, die sich deutlich von der Arbeit vor Ort im Unternehmen unterscheidet.

Dieses *essential* zeigt auf, wie Mitarbeitende den Herausforderungen im Homeoffice begegnen können und bietet Praxistipps für ein gutes Gelingen der Arbeit zu Hause: Was muss bei der Einrichtung eines Heimarbeitsplatzes beachtet werden? Für welche Mitarbeitenden ist Homeoffice geeignet? Wie kann man sich selbst motivieren? Wie sieht ein passendes Zeitmanagement im Homeoffice aus? Wie kann ein Team auf Distanz zusammenarbeiten? Wie kann die Gesundheit auch bei der Arbeit im eigenen Heim erhalten und gefördert werden?

Auf diese Fragen gibt das Buch Antworten, spricht Empfehlungen aus und stellt Checklisten für die erfolgreiche Arbeit von zuhause aus bereit.

Inhaltsverzeichnis

1 Voraussetzungen für die Arbeit im Homeoffice 1
  1.1 Zusammenarbeit auf Distanz 1
  1.2 Technische Voraussetzungen und Möglichkeiten für einen
      zeitgemäßen (Homeoffice)-Arbeitsplatz 2

2 Wechsel ins Homeoffice – Umgang mit Veränderung 5

3 Selbstmotivation 9
  3.1 Motivation 9
  3.2 Gerechtigkeit 12

4 Zusammenarbeit im Homeoffice 15

5 Online-Meetings und Kommunikation auf Distanz 19

6 Selbstorganisation und Kreativität im Homeoffice 25
  6.1 Selbstorganisation und Zeitmanagement 25
  6.2 Kreativität im Homeoffice 29

7 Sicher und effizient arbeiten im Homeoffice 33

8 Physische und mentale Gesundheit im Homeoffice 41
  8.1 Chancen und Risiken der Arbeit im Homeoffice 41
  8.2 Zusammenhang von Stress und Arbeit 42
  8.3 Boreout, Burnout und Flow 45

8.4   Erfolgsfaktoren für die Arbeit zuhause   48

8.5   Praxistipps für mehr Gesundheit im Homeoffice   51

9   Zukunftsperspektiven   55

Literatur   59

Voraussetzungen für die Arbeit im Homeoffice

1

1.1 Zusammenarbeit auf Distanz

Die Megatrends Digitalisierung und Globalisierung (zukunftsInstitut 2019) stellen neue Anforderungen an Führungskräfte und Mitarbeitende und bedingen neue Konzepte von Arbeit, die Fragen z. B. nach der Möglichkeit von Heimarbeit, flexiblen Arbeitsmodellen und Zusammenarbeit auf Distanz aufwerfen.

Führungskräfte und Mitarbeitende stehen vor diesem Hintergrund gleichermaßen vor neuen Herausforderungen. Es eröffnet sich ein Spannungsfeld von Kontrolle und Vertrauen sowie Nähe und Distanz.

Mitarbeitende sind mit einer veränderten Arbeitssituation konfrontiert: Im Homeoffice und bei der Arbeit in dezentralen Teams muss der Austausch mit den Kollegen anders organisiert werden, es gibt durch die Digitalisierung bedingte neue Kommunikationsformen, die Führungskraft ist weniger greifbar, der Tag muss eigenständig strukturiert werden, Teammitglieder an anderen Standorten müssen in Projekte eingebunden werden.

Wie in allen Bereichen gibt es Menschen, die mit diesen Rahmenbedingungen der Zusammenarbeit auf Distanz besser zurechtkommen als andere. Sie schätzen die größere Eigenständigkeit, den gewonnenen Freiraum, die gesteigerte Flexibilität und die bessere Vereinbarkeit von Familie und Beruf. Andere Mitarbeitende bevorzugen die Arbeit im Büro und die damit einhergehenden Kontakte und Strukturen. Es ist wichtig, sich selbst kritisch zu hinterfragen, ob man für die Arbeit im Homeoffice geeignet ist und darüber in einen Austausch mit der Führungskraft zu treten. Zudem kann man sich Techniken und Fähigkeiten aneignen, die einem das Arbeiten im Homeoffice erleichtern.

© Der/die Autor(en), exklusiv lizenziert durch Springer Fachmedien Wiesbaden GmbH, ein Teil von Springer Nature 2021
M. Landes et al., *Erfolgreich und gesund im Homeoffice arbeiten,* essentials,
https://doi.org/10.1007/978-3-658-32633-3_1

1.2   Technische Voraussetzungen und Möglichkeiten für einen zeitgemäßen (Homeoffice)-Arbeitsplatz

Die Bereitstellung und der Einsatz zeitgemäßer Technologien von Seiten der Unternehmen ist die Voraussetzung für die Arbeit von zu Hause aus.

Neue Technologien und neue Tools für eine Zusammenarbeit auf Distanz können etwa den Kommunikationsfluss von Teams auch im Homeoffice gewährleisten, allen Beteiligten aktuelle Einblicke in Projektstände sichern und zwischenmenschliche Kontakte ermöglichen, die realen Begegnungen sehr nahe kommen. Allerdings sind in der Regel nicht alle Mitarbeitenden gleichermaßen vertraut mit den technischen Möglichkeiten im Homeoffice oder schöpfen diese nicht immer aus. Technische Entwicklungen sind Teil der digitalen Transformation. Unternehmen sollten ihren Mitarbeitenden im technischen Bereich Fortbildungen ermöglichen, um Sicherheit in der praktischen Anwendung zu gewährleisten und sicher zu stellen, dass alle Mitarbeitenden die notwendigen Skills im Umgang mit aktuellen Technologien erwerben. Mitarbeitende, die Bedarf beim Ausbau ihres technischen Know Hows feststellen, sollten dies direkt bei ihren Vorgesetzten ansprechen und um Unterstützung bitten.

Eine Möglichkeit, um zu garantieren, dass alle Mitarbeitenden Schritt halten können, ist die Bildung von Tandems. Dabei ist z. B. jeweils ein technisch versiertes Teammitglied Pate für ein Teammitglied, das Unterstützung bei der Anwendung neuer digitaler Tools benötigt. Derartige Tandems fördern das Verständnis der Teammitglieder untereinander, stärken den Teamzusammenhalt und können auch die generationenübergreifende Kooperation unterstützen.

Mitarbeitende eines Teams müssen (nicht nur im Homeoffice) zu jeder Zeit und von jedem Ort aus befähigt werden, Informationen vom Team zu erhalten und für das Team bereitzustellen. Das gleichzeitige Bearbeiten von Dokumenten und Themen im Team muss gewährleistet sein. Der aktuelle Arbeits- und gegebenenfalls Entscheidungsstand muss für alle immer verfügbar und nachvollziehbar sein. Eine dezentrale Informationshaltung ist daher kontraproduktiv. Alle Mitglieder eines Teams sollten idealerweise unabhängig vom Standort in einem System arbeiten, in dem alle Prozesse stattfinden, verarbeitet und dokumentiert werden. Informationen, Beschlüsse und Projektverläufe sollten zum Beispiel nicht per Mail verschickt werden, sondern an einem zentralen Ort zugänglich sein. Die gesamte Kommunikation und Dokumentation sollten auf einer Plattform zusammengeführt werden. Die oberste Prämisse ist dabei die Datensicherheit. Die Netzwerke müssen entsprechend abgeschottet werden und Standards für Zugriffe definiert werden. Mitarbeitende im Homeoffice müssen sich bei der Nutzung von Tools im

Homeoffice immer im Unternehmen versichern, dass diese datenschutzkonform und im Unternehmen erlaubt sind.

Die Informationsbeschaffung wandelt sich bei der gemeinsamen Arbeit an zentralen Dokumenten und in zentralen Systemen von der Bringschuld zur Holschuld.

Diese Arbeitsweise erfordert ein großes Vertrauen des Managements in alle Teammitglieder und der Teammitglieder untereinander. Gleichzeitig erleichtert sie sowohl den Führungskräften als auch den Mitarbeitenden das Controlling des erreichten Arbeitsfortschritts und der Zielerreichung. Genau darin liegt nun die Verantwortung der Führungskräfte, aber auch die jedes einzelnen Teammitglieds. Arbeitsziele müssen individuell und klar mit allen Teammitgliedern vereinbart werden und ihre Erfüllung muss auch im virtuellen Arbeitsraum für alle Beteiligten transparent sein, etwa in Form eines virtuellen Kanban-Boards, in das alle Teammitglieder z. B. den Arbeitsstand eines aktuellen Projekts, zu erledigende Aufgaben und die dafür Verantwortlichen regelmäßig eintragen. Erkennen Führungskräfte oder Mitglieder des Teams, dass Ziele nicht erreicht werden, können zeitnah Maßnahmen ergriffen werden, um dieser Entwicklung entgegen zu wirken. Generell ist bei dezentral arbeitenden Teammitgliedern ein regelmäßiges Feedback von Seiten des Managements sehr wichtig. Die Mitarbeitenden sollten gerade im Homeoffice Feedback auch einfordern können und dürfen, wenn sie mehr Rücksprache benötigen. Auch beim Thema Feedback ist zu vereinbaren, welche Kanäle dafür genutzt werden sollen, wenn Teammitglieder remote arbeiten.

Die notwendigen technischen Voraussetzungen müssen von Unternehmen individuell festgelegt werden. Wichtig ist das Verständnis dafür, dass Digitalisierung ein fortwährender Prozess mit sich ständig verändernden Parametern ist. Digitalisierung und die damit einhergehenden erweiterten Möglichkeiten zur Arbeit im Homeoffice erfordern die Bereitschaft zu lebenslangem Lernen, um mit den technischen Entwicklungen Schritt halten und eine optimale Zusammenarbeit auf Distanz gewährleisten zu können.

Wechsel ins Homeoffice – Umgang mit Veränderung

2

Ein Homeoffice Arbeitsplatz bietet viele Vorteile. Studien deuten darauf hin, dass das Homeoffice zu einer höheren Arbeitszufriedenheit führt. Laut Brenke (2016) zeigen Studien, dass Mitarbeitende im Homeoffice zufriedener sind als Mitarbeitende, die ausschließlich einen Arbeitsplatz in der Organisation haben. Als Hauptgrund für den Wunsch nach (alternierender) Telearbeit wird das Entfallen der Pendlerzeit angeführt (Weitzel et al. 2015). Eine ausführlichere Darstellung der Vor- und Nachteile von Homeoffice aus psychologischer und ökonomischer Perspektive findet sich bei Landes et al. (2020).

Auch wenn ein Arbeitsplatz zuhause häufig gewünscht wird und mit einigen Vorteilen einhergeht, bedeutet der Wechsel ins Homeoffice dennoch eine Veränderung, an die sich Mitarbeitende anpassen müssen. Diese Veränderung ist natürlich noch herausfordernder, wenn der Wechsel in das Homeoffice unfreiwillig geschieht. Auch wenn man selbst der Umstellung positiv gegenübersteht, ist es wichtig, einen Perspektivwechsel vorzunehmen: Führungskräfte oder Kollegen können größere Schwierigkeiten haben und auch mit Widerständen auf die Veränderung reagieren. Daher ist es hilfreich, die psychologischen Auswirkungen von Change Prozessen zu kennen und zu verstehen. Eine ausführliche Darstellung dazu findet sich bei Landes und Steiner (2014).

Das Festhalten an Gewohntem wird anschaulich im Lernzonen-Modell von Senninger (2000) dargestellt (siehe Abb. 2.1). Menschen neigen dazu, sich in einer Komfortzone einzurichten, die ihnen Verhaltenssicherheit verspricht. Hier fühlen sie sich selbstsicher und stark, sie wissen, was sie zu tun haben und welche Verhaltensweisen welche Reaktionen hervorrufen. Ein Aufenthalt in der Komfortzone kommt einem Verharren im Status quo gleich. Für eine Weiterentwicklung bedarf es eines Übergangs von der Komfort- in die Wachstumszone. In dieser findet das Individuum Bedingungen und Situationen vor, mit denen es

M. Landes et al., *Erfolgreich und gesund im Homeoffice arbeiten*, essentials, https://doi.org/10.1007/978-3-658-32633-3_2

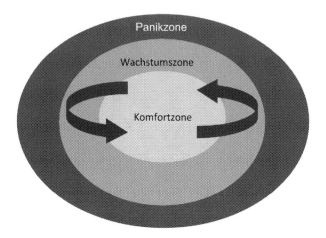

Abb. 2.1 Lernzonen-Modell (Senninger 2000)

noch keine Erfahrungen gemacht hat. Lernen versteht Senninger (2000, S. 26) in diesem Zusammenhang als ein Ausweiten und Wachsen über die Komfortzone hinaus in eine Wachstumszone, in der neue Erfahrungen möglich sind. Dadurch erweitert sich der Handlungsspielraum und Kompetenzen können sich (weiter-)entwickeln. In der Panikzone übersteigen die Anforderungen die (selbst eingeschätzte) Handlungskompetenz des Individuums, was einen Lernvorgang massiv erschwert (Landes und Steiner 2014, S. 7 f.).

Bei einem Wechsel in das Homeoffice ist das Verlassen der gewohnten Komfortzone (Büroarbeitsplatz mit bekannten Abläufen und Strukturen) nötig.

Findet der Wechsel überraschend oder unfreiwillig statt, kann dies zu Widerstand führen.

Emotionaler Widerstand macht neben dem rational begründbaren und dem macht-politischen Widerstand einen erheblichen Teil des ablehnenden Verhaltens bei Veränderungen aus. Er resultiert aus der Angst vor Neuem und äußert sich in Form eines unbestimmten Gefühls, das sich einer rationalen Argumentation entzieht.

Es zeigt sich, dass auch relativ geringe Veränderungen bei den Betroffenen die Frage hervorrufen: „Was bedeutet diese Veränderung für mich?" Noch bevor Chancen oder Risiken konkret analysiert sind, steht im Vordergrund die Gewissheit, dass Veränderung letztlich immer bedeutet, das Vertraute und Sichere zu verlassen und sich mit dem Unbekannten auseinander zu setzen. Folge sind in der

Regel zunächst Verunsicherung und die Befürchtung von Schwierigkeiten und Aufwand. Daher ist das Thema „Veränderung" häufig unmittelbar negativ belegt und löst bei den Betroffenen Stress aus. Durch Coping-Mechanismen kann der ausgelöste Stress nicht nur verringert werden, sondern die Veränderung kann als Chance wahrgenommen werden (Frey et al. 2008, S. 2).

Abb. 2.2 zeigt die emotionalen Reaktionen und deren Verarbeitung bei anstehenden Veränderungen: Die erste Phase (Status Quo) ist gekennzeichnet von einer relativen Zufriedenheit mit dem Gewohnten. Im Vorfeld der Veränderung reagieren viele Betroffene mit einer diffusen Vorahnung und Sorge, da sie den Status Quo als bedroht ansehen und die Kontrollierbarkeit der Situation als gering einschätzen (Hoffmann und Lang 2008, S. 133). Hilfreich in dieser Phase sind Information und Kommunikation. Für manche Menschen stellt die Unausweichlichkeit des Wandels einen Schock dar und sie halten krampfhaft am Status Quo fest. Den betreffenden Personen sollte man Zeit für die Veränderung geben und weiterhin die Realität thematisieren. In der Phase Abwehr/Ärger werden die Betroffenen aktiv, indem sie Allianzen Gleichgesinnter bilden und nach Gegenargumenten suchen, um die Veränderung doch noch abzuwenden. Abwehrmaßnahmen in dieser Phase führen durch die Intensivierung des gewohnten Vorgehens kurzfristig sogar zu einem Produktivitätszuwachs, um damit die Notwendigkeit der Veränderung in Frage zu stellen (Roth 2000, S. 13). Die

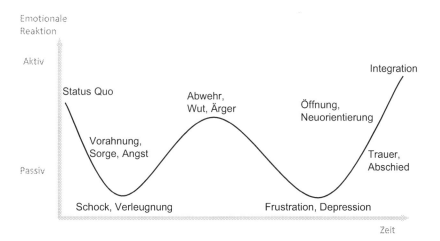

Abb. 2.2 Emotionale Reaktionen auf anstehende Veränderungen. (Modifiziert nach Roth 2000 sowie Cevey und Prange 1999)

Leistungen der Vergangenheit zu würdigen, ist der Schlüssel, da die anstehende Neuerung oft als Abwertung der bisherigen Leistungen erlebt wird. Depression und Frustration (rationale Akzeptanz) sind die begleitenden Emotionen, wenn die Betroffenen realisieren, dass Widerstand zwecklos ist. Die Phase Trauer und Abschied leitet die emotionale Akzeptanz der veränderten Realität ein. Es findet ein Prozess des Loslassens statt. Trauer hat eine zentrale Funktion im Veränderungsprozess als Schwellenemotion vom Abschied des Vergangenen hin zu einer Neuorientierung (Roth 2000, S. 16). Eine wertschätzende Atmosphäre, in der Neues ausprobiert werden soll und Fehler nicht bestraft werden, sollte geschaffen werden. Abschließend werden die neuen Prozesse und sinnvolle Verhaltensweisen in den Alltag integriert (Integration). Es erfolgt ein Anstieg der Systemleistung, die nun deutlich über dem anfänglichen Niveau vor dem Wandlungsprozess liegt (Roth 2000, S. 149). Anschließend sollten stets eventuelle Nachbesserungen vorgesehen sein, indem eine flexible Steuerung über Feedback-Schleifen erfolgt.

Die Phasen mit den charakteristischen Emotionsmustern sind bei jedem Individuum und in jeder Veränderung ähnlich, nur die Dauer des Durchlaufens der einzelnen Abschnitte ist unterschiedlich (Hoffmann und Lang 2008, S. 132), sodass nicht alle von einer Veränderung Betroffenen diesen emotionalen Verarbeitungsprozess synchron durchlaufen werden. Werden die Phasen nicht adäquat unterstützt, kann es zu einem Verharren in einer Phase kommen. Durch Lernen, Erkenntnis und Integration können neue Kompetenzen aufgebaut werden, die neue Sicherheit ermöglichen und wiederum dazu motivieren, den Veränderungsprozess mit zu gestalten.

Die Kenntnis dieser typischen emotionalen Verarbeitungsmuster kann als Orientierung dienen. Sie erklären das oftmals (scheinbar) irrationale Verhalten in Veränderungsprozessen, das für die Betroffenen subjektiv durchaus rational zu sein scheint.

Bei einem Wechsel ins Homeoffice werden sich einige Personen schnell in der neuen Situation zurecht finden. Andere werden eine Art Orientierungslosigkeit oder Kontrollverlust erleben. Die Geschwindigkeit der Anpassung ist daher sehr unterschiedlich. Bei der Zusammenarbeit im Team oder mit einer Führungskraft sollte beachtet werden, dass Menschen den Veränderungsprozess unterschiedlich erleben. Austausch, Unterstützung und Hilfsangebote sind wichtig. Führungskräfte, die einen eher kontrollierenden Führungsstil haben, tun sich meist mit Führung auf Distanz schwerer. Sie müssen lernen, loszulassen und den Mitarbeitenden mehr Freiraum eingestehen.

Selbstmotivation

3

Ist ein Homeoffice Arbeitsplatz für mich geeignet? Kann ich mich motivieren und produktiv arbeiten? Wie sieht es mit der Arbeitszufriedenheit aus? Aspekte wie die Motivationsstruktur des Individuums und die empfundene Gerechtigkeit im Vergleich mit relevanten anderen spielen hierbei eine entscheidende Rolle.

3.1 Motivation

Die Motivation, das individuelle Wollen, ist ein Einflussfaktor von mehreren, der auf das menschliche Handeln wirkt. Motive stellen die Beweggründe für Handlungsweisen dar. Sie werden nach ihrem Bewusstseinsgrad in implizite und explizite Motive unterschieden. Explizite Motive sind dem Bewusstsein zugänglich. Implizite Motive liegen außerhalb des Bewusstseinshorizontes und eignen sich zur Prognose allgemeiner, überdauernder Verhaltensmuster. Implizite Motive können in drei Typen (McClelland 1953) unterschieden werden, die sich in unterschiedlicher Ausprägung bei jedem Menschen nachweisen lassen (vgl. hierzu und zum Folgenden Hohenberger und Spörrle 2013, S. 104, Steiner und Landes 2017): Macht, Anschluss (Zugehörigkeit) und Leistung.

Menschen mit einem hoch ausgeprägten Machtmotiv erfreuen sich daran, gestaltend zu wirken und Verantwortung zu übernehmen. Das Zugehörigkeitsmotiv ist gekennzeichnet vom Willen nach Herstellung guter zwischenmenschlicher Beziehungen. Menschen mit einer hohen Ausprägung des Leistungsmotivs wollen auch anderen gegenüber ihre Fähigkeiten demonstrieren und setzen sich herausfordernde Ziele. Man kann spekulieren, dass der anschlussmotivierte Typ eher weniger Bedarf hat, in einem Homeoffice zu arbeiten, es sei denn, dass er auch von dort aus seine sozialen Kontakte pflegen kann. Der leistungsmotivierte Typ

© Der/die Autor(en), exklusiv lizenziert durch Springer Fachmedien Wiesbaden GmbH, ein Teil von Springer Nature 2021
M. Landes et al., *Erfolgreich und gesund im Homeoffice arbeiten*, essentials, https://doi.org/10.1007/978-3-658-32633-3_3

könnte ein Homeoffice dann bevorzugen, wenn dies die Möglichkeit bietet, dort ohne Störungen zu arbeiten. Der machtmotivierte Typ wird das Homeoffice dann schätzen, wenn es nicht jedem zusteht und so als „Insignie der Macht" dienen kann. Wenn Demotivation auftritt, ist es wichtig, dieser auf den Grund zu gehen. Sogenannte daily hassles sind kleinere, alltägliche Unannehmlichkeiten und Ärgernisse, Mikrostressoren des Alltags; bei der Arbeitsausführung z. B. veraltete Software, unvollständige Informationen, die die Aufgabenerfüllung behindern. Schwierigkeiten mit dem Drucker, der Telefonanlage, der Internetverbindung verursachen Stress. Natürlich sollte es im Interesse des Unternehmens sein, das Homeoffice angemessen auszustatten, trotzdem werden nicht alle Neuanschaffungen sofort genehmigt. Hier sollte man hartnäckig sein und sich dafür einsetzen, dass der Heimarbeitsplatz dem Standard des Unternehmens entspricht.

Stellt man fest, dass einem inspirierende Kontakte fehlen, man wenig neuen Input bekommt, sollte man überlegen, auf welches Netzwerk man zurückgreifen kann. Dies müssen nicht die immer gleichen Kollegen sein. Auch Personen außerhalb der eigenen Abteilung oder des eigenen Unternehmens können wertvollen Input und neue Perspektiven einbringen. So werden neue Sichtweisen eröffnet und ein Motivationsschub ist möglich.

Manchen Menschen fehlt im Homeoffice vor allem die Bestätigung von außen. Niemand gibt Rückmeldung, bestätigt einen oder bedankt sich für einen Austausch oder Ratschlag. Auch hier kann man selbst proaktiv tätig werden, mit den Kollegen in Kontakt treten und diese um Feedback oder einen Austausch bitten.

Man sollte seine Ansprüche an die eigene Leistungsfähigkeit kritisch prüfen. Wenn man sich unproduktiv fühlt oder frustriert ist, weil man eigentlich viel mehr schaffen wollte, sollte man sich bewusst machen, dass auch im Büro nicht die gesamte Arbeitszeit hochproduktiv genutzt wird: Man unterhält sich mit Kollegen, legt Wegstrecken zurück, sitzt in unnötigen Meetings. Ablenkungen werden sich auch im Homeoffice nicht gänzlich vermeiden lassen. Unrealistische Ziele, die sich kaum erreichen lassen, demotivieren nur.

Checkliste/Praxistipps

Bei der Selbstmotivation geht es darum, herauszufinden, was man will und ob man die passenden Rahmenbedingungen dafür vorfindet. Es gilt zu analysieren, was eigene Werte, Motive, Bedürfnisse und Fähigkeiten sind:

- Setzen Sie sich herausfordernde und attraktive Ziele, die erreichbar sind.
- Formulieren Sie Ihre Ziele schriftlich.
- Stellen Sie den größeren Sinnzusammenhang hinter Ihrem Ziel heraus.

- Setzen Sie sich Meilensteine.
- Belohnen Sie sich für das Erreichen von Zielen.
- Sehen Sie Rückschläge und Scheitern als einen wichtigen Lernprozess an.
- Visualisieren Sie das Erreichen des Zieles und stellen Sie sich vor, wie Sie sich fühlen werden.
- Wenn Sie eine diffuse Demotivation an sich feststellen, fragen Sie sich ehrlich, was Ihnen fehlt (Unterstützung, Sinn, Ressourcen, Pausen, Anerkennung).
- Fragen Sie sich, ob Sie angemessen gefordert sind. Über- und Unterforderung können Demotivation auslösen.
- Beseitigen Sie daily hassles, die den Arbeitsablauf stören und zu Stresserleben führen.
- Nehmen Sie Unterstützung in Anspruch. Sollten Sie bei einer Aufgabe nicht vorankommen, kann der Austausch mit Kollegen neue Impulse bieten.
- Denken Sie groß in Bezug auf Ihr Netzwerk. Tauschen Sie sich auch mit Personen aus, die nicht zu Ihrem Team, Ihrer Abteilung oder Ihrem Unternehmen gehören.
- Suchen Sie aktiv nach Bestätigung und Rückmeldung. Bitten Sie Kollegen oder Führungskräfte um Feedback.
- Gönnen Sie sich Phasen mit geringerer Produktivität oder Kreativität. Sie können nicht durchgängig Höchstleistung erbringen.
- Sorgen Sie für Abwechslung zwischen den Tätigkeiten.
- Evaluieren Sie mit Kollegen oder Ihrer Führungskraft, wie produktiv und motiviert Sie sich im Homeoffice fühlen und in welcher Form bzw. in welchem Umfang diese Art zu arbeiten für Sie geeignet ist.

In Ratgebern finden sich zahlreiche Tipps und Tricks, wie man motiviert und effektiv im Homeoffice arbeitet. Hier ist anzumerken, dass man diese Hinweise genau prüfen sollte, ob sie der eigenen Persönlichkeit entsprechen und für die persönliche Arbeitsweise geeignet sind. Es gibt hier kein „one size fits all".

Tipps und Tricks (eine kleine Auswahl):

- Nehmen Sie sich und Ihre Arbeit im Homeoffice ernst. Kleiden Sie sich so, als würden Sie ins Büro gehen.
- Sorgen Sie für einen „künstlichen Arbeitsweg": Gehen Sie vor Arbeitsbeginn und nach der Arbeit eine Runde um den Block. So kommen Sie an die frische Luft und können sich auf den Arbeitsbeginn einstellen bzw. mentale Distanz nach einem Arbeitstag schaffen.
- Dekorieren Sie Ihren Arbeitsplatz nicht übermäßig, sondern sorgen Sie für möglichst wenig visuelle Ablenkung.

- Schaffen Sie sich eine „Denknische". Was in herkömmlichen Büros häufig fehlt, ist ein Kreativraum. Diesen können Sie zu Hause nutzen: ein Sitzkissen auf dem Balkon, eine Liege mit Blick aus dem Fenster etc., wo Sie sich zum Nachdenken und zur Inspiration zurückziehen.
- Machen Sie einen Powernap. Wofür man im Büro in unserem Kulturraum eventuell schiefe Blicke ernten würde, das ist zuhause möglich. Machen Sie einen kurzen Mittagsschlaf und starten Sie danach erholt und mit neuer Energie.
- Führen Sie eine „done"-Liste: Notieren Sie sich die Aufgaben, die Sie alle schon erledigt haben. Gerade bei vielen kleinen Aufgaben entsteht am Ende des Arbeitstages das Gefühl, nicht wirklich etwas geleistet zu haben. Wirft man dann einen Blick auf diese Liste, kann dies zufrieden machen und motivierend wirken.
- Vermeiden Sie Multi-Tasking. Konzentrieren Sie sich voll und ganz auf eine Aufgabe.
- Alle Empfehlungen zu Strukturen und Routinen sind für sich genommen berechtigt, aber sie sind nicht für jeden Menschen geeignet. Besser ist es, je nach individuellem Arbeitsstil nur so viel Struktur zu schaffen, dass die Vorteile des freieren Arbeitens im Homeoffice erhalten bleiben.
- Loben Sie sich selbst. Nehmen Sie sich die Zeit, anzuerkennen, was Sie geleistet haben.
- Machen Sie sich die Vorteile des Homeoffice bewusst. Seien Sie dankbar für die Möglichkeit, in einer angenehmen Umgebung arbeiten zu können und dadurch Freiheiten genießen zu können.
- Tauschen Sie sich mit anderen aus und fragen Sie, welche Maßnahmen diesen helfen, im Homeoffice produktiv zu sein und mit Spaß zu arbeiten.

3.2   Gerechtigkeit

In allen Arbeitsbeziehungen spielt Gerechtigkeit eine zentrale Rolle. Mitarbeitende und Führungskräfte hinterfragen Arbeitsbedingungen und vergleichen die eigene Situation mit der von relevanten anderen. Es lohnt sich, bei einer empfundenen diffusen Unzufriedenheit die Arbeitsbedingungen zu analysieren. Dies hilft dabei, sich nicht in einer Opferhaltung wieder zu finden, sondern proaktiv in einen konstruktiven Dialog mit der Führungskraft einzusteigen und konkrete Ideen zur Verbesserung der Arbeitsbeziehungen beizusteuern.

Fehlende Gerechtigkeit ist ein Quell für Demotivation und innere Kündigung. Wird ein Handeln als unfair empfunden, zerstört dies meist die intrinsische Motivation, die Bindung zum Arbeitgeber und die Leistungsbereitschaft.

In der Organisation und, dem Fokus dieses Buches folgend, in der Entscheidung und Gestaltung von Homeoffice-Möglichkeiten gilt es, gerechte Prozesse und gerechte Interaktionen zu gestalten (Fladerer 2016, S. 90; Colquitt 2001).

Gerechte Prozesse manifestieren sich in einem konsistenten (Entscheidungs-) Verhalten, d. h. dass die bestehenden Regeln in jedem Fall gleich angewendet werden müssen. Es schließt jedoch nicht aus, dass auf individuelle Fälle eingegangen werden kann, sofern diese eben in dem Regelwerk enthalten sind.

Die Entscheidungen müssen unvoreingenommen getroffen werden. Es darf keinen Spielraum geben für Erwägung aus Nähe oder Distanz heraus, also aus Sympathie oder Antipathie.

Ein gerechter Prozess muss zudem Korrekturmöglichkeiten enthalten, d. h. es muss die Möglichkeit geben, getroffene Entscheidungen bei neuen Tatsachen neu zu reflektieren und auch zu verändern. Es sollte die Möglichkeit geben, Entscheidungen hinterfragen zu können oder sogar bei höherer Stelle einen Einspruch einlegen zu können.

Über die faire Gestaltung der Prozesse hinaus muss auch die Interaktion gerecht ausgestaltet werden. Dies schlägt sich in wertschätzendem Umgang miteinander nieder. Kriterien für das Operationalisieren sind neben den üblichen Formen der Höflichkeit im Umgang die Wahrhaftigkeit von Informationen, die Begründung von Entscheidungen, der Respekt vor der Person des anderen und die Angemessenheit der Interaktion (Bies und Moag 1986).

Checkliste/Praxistipps

Sollten Sie Fragen bezüglich der Entscheidung für oder gegen Homeoffice haben oder sich ungerecht behandelt fühlen, …

…überlegen Sie, woher genau Ihre Unzufriedenheit kommt.

…erkundigen Sie sich nach den in Ihrem Unternehmen geltenden Richtlinien.

…gehen Sie proaktiv auf Ihre Führungskraft zu und suchen Sie das Gespräch.

…bereiten Sie sich auf das Gespräch vor.

…halten Sie die in Ihrem Unternehmen üblichen Wege ein.

…legen Sie dar, welche Kompetenzen Sie haben, die Sie für eine Arbeit im Homeoffice befähigen.

…vermeiden Sie das Heranziehen von Kollegen als Beispiel („Herr Müller darf aber auch…").

…äußern Sie Ihre Bedürfnisse sachlich.

…sprechen Sie kritische Sachverhalte nach der 3W-Regel an (Wahrnehmung, Wirkung, Wunsch).

…versuchen Sie einen Perspektivwechsel und versetzen Sie sich auch in die Führungskraft.

…legen Sie bereits Lösungsvorschläge vor.

…regen Sie ein Teammeeting zum Thema Rollen und Aufgabenverteilung an oder schlagen Sie eine Teamentwicklung mit externer Moderation vor.

Wenn Sie die Ablehnung eines Homeoffice Arbeitsplatzes ungerechtfertigt oder ungerecht finden, …

…nehmen Sie sich etwas Zeit zum Nachdenken, bevor Sie auf eine Ablehnung antworten.

…überlegen Sie, wie wichtig das Homeoffice für Sie ist und ob Sie deswegen einen Konflikt austragen möchten.

…prüfen Sie die Begründung, mit der das Homeoffice abgelehnt wurde: Handelt es sich um objektiv nachvollziehbare Gründe oder erscheint Ihnen die Ablehnung willkürlich?

…reflektieren Sie Ihre Meinung mit anderen unbeteiligten Personen.

…überlegen Sie, wie Sie vorgebrachten Argumente gegen ein Homeoffice konstruktiv begegnen können.

…überlegen Sie, welche Kompromisse denkbar sind.

Zusammenarbeit im Homeoffice 4

Die Zusammenarbeit und Kommunikation auf Distanz stellt besondere Anforderungen an alle Beteiligten.

Remdisch (2005) formuliert folgende potenzielle Nachteile virtueller Teams, die auch auf Individuen im Homeoffice zutreffen können:

- geringere Identifikation mit dem Team
- Unsicherheit bzgl. Aufgaben, Rollen, Verantwortlichkeiten
- Aufbau von Vertrauen ist schwierig
- Gefühl der Isolation
- Abhängigkeit von Kommunikations-Technologie
- Schwierigkeit des Leistungs-Feedbacks
- Missverständnisse und Konflikte entstehen schneller

Aufgrund von räumlicher Distanz kann Verhalten nicht direkt beobachtet werden und Emotionen sind schwerer erkennbar und interpretierbar.

Zu Beginn der virtuellen Zusammenarbeit sollte stets eine kritische Auseinandersetzung mit den eigenen Bedürfnissen und Kompetenzen erfolgen. Hilfreich kann es sein, sich auch eine Fremdeinschätzung einzuholen.

Die Kriterien aus Tab. 4.1 können dafür als Anhaltspunkt dienen.

Ist die Entscheidung für eine Arbeit im Homeoffice beidseitig getroffen, folgt die wichtige Phase der Kommunikation über die Ausgestaltung des Arbeitens im Homeoffice. Die Mitarbeitenden sollten die Rahmenbedingungen vermittelt bekommen und gegenseitige Erwartungen sollten geklärt werden. Idealerweise werden regelmäßige Termine zur Evaluation der Zusammenarbeit über Distanz vereinbart. Wenn hier die Initiative nicht von der Führungskraft ausgeht, sollten die Mitarbeitenden das Gespräch suchen und die Rahmenbedingungen klären.

© Der/die Autor(en), exklusiv lizenziert durch Springer Fachmedien Wiesbaden GmbH, ein Teil von Springer Nature 2021
M. Landes et al., *Erfolgreich und gesund im Homeoffice arbeiten,* essentials,
https://doi.org/10.1007/978-3-658-32633-3_4

Tab. 4.1 Checkliste Eignung

Eignung für das Arbeiten im Homeoffice
Freiwilligkeit: Bin ich bereit, im Homeoffice zu arbeiten?
Motivationsstruktur: Bin ich ein leistungsmotivierter Typ? Oder: Sehe ich als eher machtmotivierter Typ das Homeoffice als herausragende Stellung in der Organisation und als Möglichkeit, zu gestalten?
Persönlichkeitseigenschaft „Gewissenhaftigkeit“: Zeichne ich mich durch Gewissenhaftigkeit aus?
Persönlichkeitseigenschaft „soziale Verträglichkeit“: Bemühe ich mich um zwischenmenschliches Vertrauen, Kooperativität und Nachgiebigkeit?
Persönlichkeitsmerkmal „Ehrlichkeit“: Ist mir ehrliches Verhalten sehr wichtig und orientiere ich mein eigenes Verhalten an diesem Wert?
Kompetenz „Selbstführung“: Verfüge ich über die erforderlichen Kompetenzen im Bereich Selbstführung? Können die Kompetenzen aufgebaut / erworben werden?
Kompetenz „Zeitmanagement“: Verfüge ich über die erforderlichen Kompetenzen im Bereich Zeitmanagement? Können die Kompetenzen aufgebaut/erworben werden?
Bereitschaft, Feedback anzunehmen: Bin ich bereit, Feedback anzunehmen?
Fachliche Kompetenz: Verfüge ich über die erforderlichen fachlichen Kompetenzen, um die Aufgaben selbstständig und ohne Anleitung verrichten zu können?
Fähigkeit, eigene Grenzen zu akzeptieren: Verfüge ich über die erforderlichen Fähigkeiten, eigene Grenzen erkennen zu können und mich nicht zu überfordern? (workaholic)?

Der Führungskraft obliegen selbstverständlich auch bei Mitarbeitenden im Homeoffice die üblichen Führungsaufgaben. Gerade bei der Zusammenarbeit auf Distanz trägt jedoch ein jedes Teammitglied die Verantwortung, seinen Beitrag zu leisten.

Information und Kommunikation

In der Anfangsphase sind hohe Unmittelbarkeit von Feedback, möglichst synchrone Kommunikation, geringe zeitliche Verzögerungen hilfreich, um die

Zusammenarbeit zu fördern. Geeignet sind hier z. B. face-to-face-Meetings, Telefon- und Videokonferenzen.

Aufgaben der Führungskraft sind vor allem die Unterstützung effektiver Kommunikation, Sicherstellung der Anwendungskompetenz, Festlegen von Regeln, Ablauf und Struktur (z. B. „Netiquette", Kommunikationsregeln) (Remdisch 2005). Aufgabe der Teammitglieder ist es, Vorschläge zur Verbesserung der Kommunikation zu machen und konstruktive Rückmeldung zu geben sowie die vereinbarten Regeln einzuhalten.

Relevante Aspekte der Kommunikation in der virtuellen Zusammenarbeit werden im nächsten Kapitel beleuchtet.

Vermittlung der Strategie und Vision
Der Erfolg der Zusammenarbeit besteht wie auch in anderen Führungssituationen maßgeblich in der verständlichen Kommunikation der Vision, der Ziele und des Sinns. Die Mitarbeitenden sollten sich selbst kritisch hinterfragen, inwiefern sie das Warum, also den Sinn hinter Zielen und Aufgaben verstanden haben. Sollte es hier Klärungsbedarf geben, empfiehlt es sich direkt nachzufragen und in einen Dialog mit den Verantwortlichen einzusteigen.

Verteilung von Aufgaben
Bei der Zusammenarbeit auf Distanz müssen Arbeitsaufgaben präzise strukturiert und Ziele, Tätigkeiten und Verantwortlichkeiten klar sein. Idealerweise stellt die Führungskraft die Transparenz des Arbeitsprozesses sicher, schafft Möglichkeiten der Kooperation, gibt Entscheidungsspielräume und fördert die Selbstorganisation (Remdisch 2005) und die Teammitglieder leisten alle ihren Beitrag dazu.

Förderung und Entwicklung
Die Führungskraft ist natürlich auch über Distanz für die Entwicklung der Mitarbeitenden verantwortlich. Unbedingt erforderlich sind hier persönliche Kontakte und Zusammenkünfte in Form von Meetings und Gesprächen.

Um sich als Team weiter zu entwickeln, ist ein regelmäßiger Austausch untereinander über die Art und Weise der Zusammenarbeit unerlässlich. Dieser kann in Form einer organisierten Teamentwicklung, aber auch in Team-Meetings erfolgen. Das Team sollte klären,

- ob, wann und wie regelmäßig Treffen stattfinden sollen,
- wie Entscheidungen getroffen werden,
- welche Erwartungen die Teammitglieder aneinander haben,
- wie Feedback gegeben wird (im Team und von der Führungskraft),

- wie Kritik formuliert und wie wird damit umgegangen wird,
- wie mit der Nichtbeachtung von Absprachen umgegangen wird,
- wie E-Mails behandelt werden (wann abgerufen, wann beantwortet),
- wie man sich im Team Unterstützung einholt,
- wie mit Erfolgen/„Spaß" umgegangen wird,
- wie mit Vertraulichkeit umgegangen wird (im Team / nach außen),
- welchen Werten und Normen man sich verpflichtet,
- welche Ziele man verfolgt,
- wie mit aufkommenden Konflikten umgegangen wird.

(Remdisch 2005)

Online-Meetings und Kommunikation auf Distanz

Digitalisierung und fortwährende technische Entwicklungen ermöglichen heute vielfältige Formen der Kommunikation von dezentralen Teams. Im Vergleich zur Kommunikation mit einem realen Gegenüber gibt es bei der Online-Kommunikation einige Besonderheiten zu beachten.

Die AutorInnen haben aus ihrer langjährigen Erfahrung bei der Umsetzung und Begleitung von Homeoffice-Konzepten in Unternehmen eine Checkliste für die Online-Kommunikation mit praxisrelevanten Impulsen erstellt:

Checkliste/Praxistipps
Kontakt auf Distanz
Wie können Kommunikation und Kontakte im Homeoffice aufrecht erhalten werden? Diese Frage sollte im Team, gemeinsam mit der Führungskraft, geklärt werden. Dabei können folgende Leitfragen zur Orientierung dienen:

- Wie können Sie zwischenmenschliche Beziehungen im Team aufrechterhalten, wenn Sie von zu Hause aus arbeiten?
- Wie kann ein regelmäßiger (Informations-) Austausch untereinander gewährleistet werden?
- Wie kann das informelle Gespräch ersetzt werden?

Beispielsweise kann ein Gruppenchat für den regelmäßigen Austausch eingerichtet werden. Eine gute Möglichkeit zum Austausch bietet die Verabredung mit Kollegen zu einem „Face-to-Face-Kaffee" mit Videotechnologie, um sich gegenseitig auf den neuesten Stand zu bringen. Bei solchen informellen Gesprächen werden wichtige Informationen im Team und auch über Teamgrenzen hinaus ausgetauscht. Daher sollten derartige Gespräche vom Management nicht nur gebilligt,

© Der/die Autor(en), exklusiv lizenziert durch Springer Fachmedien Wiesbaden GmbH, ein Teil von Springer Nature 2021
M. Landes et al., *Erfolgreich und gesund im Homeoffice arbeiten*, essentials,
https://doi.org/10.1007/978-3-658-32633-3_5

sondern unterstützt und angeregt werden. Nützlich ist zudem die Organisation eines täglichen kurzen Online-Meetings für das gesamte Team zum Stand der Dinge.

Natürlich sind für alle Formen des Austausches datenschutzrechtliche Rahmenbedingungen zu beachten.

Nutzung von Kameras

Reine Telefonkonferenzen verleiten die Teilnehmenden dazu, abzuschweifen, oder parallel mehreren Aufgaben nachzugehen – man wird ja nicht gesehen. Natürlich kann auch die Mimik oder Gestik der Teilnehmenden nicht wahrgenommen werden, was eine Interpretation des Gehörten erschwert, da man sich rein auf den Inhalt oder die Tonlage der Sprechenden verlassen muss. Videotelefonie schafft eine größere Nähe und verhindert eher, dass sich Teilnehmende ins Wort fallen. Körpersprache ist ein wichtiger Baustein für die Kommunikation und das Verständnis untereinander.

Erreichbarkeit

Auch wenn die Arbeitszeiten im Homeoffice flexibler sein können als im Büro, muss es verlässliche Absprachen bezüglich der Erreichbarkeit der einzelnen Teammitglieder, aber auch der Führungskräfte geben.

Folgende Fragen sind für Vereinbarungen zur Erreichbarkeit hilfreich:

- Wer muss wann und wie erreichbar sein?
- …für die Teammitglieder?
- …für Kunden?
- Telefonisch? Per Mail? Zu welchen Kernzeiten?
- Wie lange darf die Bearbeitungszeit maximal sein?

Es ist gerade im Homeoffice wichtig, den Kollegen verlässlich mitzuteilen, wann man (nicht) erreichbar ist.

Häufigkeit von Online-Meetings und Telefonkonferenzen

Es sollte festgelegt werden, wie oft Online-Meetings im Team täglich, bzw. wöchentlich nötig sind. Mitarbeitende, die es nicht gewohnt sind, im Homeoffice zu arbeiten, brauchen gegebenenfalls häufiger virtuelle Meetings als agile Teams, die selbstorganisiertes Arbeiten gewohnt sind. Auch mit Führungskräften sind regelmäßige Meetings aus dem Homeoffice wichtig, um Arbeitsziele zu vereinbaren, Aufgaben zu verteilen oder Probleme anzusprechen. Der Austausch sollte nicht problembasiert erfolgen, sondern auch Erfolge, Fortschritte und Lösungsvorschläge als Inhalt haben.

Dauer und Zeitpunkt von Online-Meetings
Machen kürzere Meetings Sinn, die dafür häufiger stattfinden, um alle im Team auf dem neuesten Stand zu halten oder 1 × täglich ein längeres Meeting? Hilfreich sind feste Tage und Uhrzeiten, z. B. jeden Montag um 10:00 Uhr ein Jour Fixe zur Verteilung der Wochenaufgaben, täglich um 10:00 Uhr und um 15:00 ein kurzes Update-Meeting zu aktuellen Begebenheiten und für den Abgleich des Arbeitsstands zwischen Teammitgliedern oder Projektbeteiligten.

Bewährt hat sich ein kurzes „Einchecken" zu Beginn des Arbeitstages und ein „Auschecken" vor dem Feierabend.

Regeln für Online-Meetings
Auch Online-Meetings und Telefonkonferenzen erfordern Regeln der Zusammenarbeit.

Folgende Fragen bieten einen Rahmen für die Organisation eines Online-Meetings:

• Wie lange soll das Meeting dauern?
• Wie viel Zeit ist für einzelne Beiträge eingeplant?
• Welche Themen sind für alle Teilnehmenden relevant?
• Wie bereitet man sich auf das Meeting vor?

Die Dauer des Online-Termins sollte vorab verbindlich im Team besprochen werden. Während des Termins sollten nur Themen besprochen werden, die das gesamte Team betreffen. Individuelle Themenbereiche werden gegebenenfalls bilateral zwischen den betreffenden Personen oder direkt mit der Führungskraft per Chat, Mail, Telefon oder Videotelefonie geklärt.

Das Versenden von Einladungen an die Teilnehmenden vor dem Termin schafft Klarheit. Die Einladungen sollten Folgendes beinhalten:

• Datum und der Uhrzeit des Termins
• die geplante Dauer des Gesamttermins
• die Themen und Vortragenden
• die geplante Redezeit

Abläufe und Struktur

Um zu verhindern, dass Meetings sich endlos ziehen, macht es Sinn, im Vorfeld eine Agenda, Abläufe oder eine Struktur festzulegen, z. B.:

1. Update durch die Führungskraft (Neuigkeiten, Entwicklungen, Entscheidungen)
2. Bericht über den Ist-Stand durch alle Teammitglieder reihum
3. Verteilung von To Dos und Aufgaben; Festlegen der dafür Verantwortlichen
4. Fragen der Beteiligten

Im Team sollte reihum eine Protokollführung benannt werden, um die Absprachen und Ergebnisse der Meetings schriftlich zu sichern und nach dem Online-Meeting an alle Beteiligten per Mail oder auf einer Teamplattform zu verteilen. So werden Zuständigkeiten und Aufgaben festgehalten und sind auch im Homeoffice jederzeit nachvollziehbar und einsehbar. Auch Teammitglieder, die dem Termin nicht beiwohnen konnten, sind so immer auf dem aktuellen Stand und werden in das Team eingebunden.

Einhaltung von Regeln und Strukturen

Regeln machen nur Sinn, wenn sie auch eingehalten werden. Die Führungskraft oder ein Teammitglied übernehmen dafür im Online-Meeting die Rolle des Moderators und des Time Keepers.

Folgende Fragen sind dabei für ein strukturiertes Vorgehen hilfreich:

- Ist das angesprochene Thema wirklich für alle relevant, oder kann es später zwischen den direkt betroffenen Teammitgliedern geklärt werden?
- Halten die Teammitglieder die vorab vereinbarten Redezeiten ein?
- Sind alle zu Wort gekommen?
- Konnte jede(r) seinen/ihren Beitrag zum Thema leisten?
- Gibt es ungeklärte Fragen?
- Gibt es Ablehnung, Ärger, Probleme oder Missverständnisse?

Tauchen bei einer oder mehreren dieser Fragen Unstimmigkeiten auf, ist es die Aufgabe der Moderation, während des Online-Meetings sofort einzugreifen und höflich auf die „Regelübertretungen" hinzuweisen, bzw. nach den Gründen für auftretende Unstimmigkeiten zu fragen.

Am Ende eines Online-Meetings hat der Moderator folgende Aufgaben:

- Alle wichtigen Erkenntnisse aus dem Termin werden noch einmal für alle zusammengefasst.
- Die Aufgaben, die sich im Termin ergeben haben und die Verantwortlichen dafür werden noch einmal benannt.
- Es wird überprüft, ob alle Punkte der Agenda abgearbeitet wurden.

Netiquette der Online-Kommunikation
Auch für Online-Veranstaltungen wie Webinare oder Telefon- und Videokonferenzen gibt es Regeln, die die Kommunikation vereinfachen und für alle Beteiligten angenehmer machen:

- Nicht jeder Gedanke während der Veranstaltung sollte sofort im Chat mit allen geteilt werden. Nur wirklich relevante Kommentare mit Mehrwert für alle Beteiligten sollten hier kommuniziert werden, um die anderen Teilnehmenden nicht unnötig abzulenken.
- Die Kamera sollte gerade auf Augenhöhe eingerichtet sein.
- Eine gleichmäßige Beleuchtung von vorne oder mit zwei Lampen seitlich sorgt für ein Bild ohne störende Schatten und erleichtert dem Gegenüber das Lesen der Mimik.
- Falls die Vortragenden nicht ohnehin alle Teilnehmenden stumm geschaltet haben, sollten alle, die nicht sprechen, ihr Mikrofon lautlos schalten. Nebengeräusche wirken störend.
- Generell empfiehlt es sich, für alle Formen der Videotelefonie zu überprüfen, ob die im Laptop, PC oder Tablet eingebauten Kameras und Mikrofone eine ausreichende Ton- und Bildqualität liefern. Falls dies nicht der Fall ist, sollte auf ein Headset mit Mikrofon und eine externe Kamera von guter Qualität zurückgegriffen werden.
- Der im Bild sichtbare Hintergrund sollte neutral sein.

Selbstorganisation und Kreativität im Homeoffice

6

6.1 Selbstorganisation und Zeitmanagement

Eine wesentliche Rolle im Homeoffice spielt die Selbstorganisation. Diese beinhaltet die optimale Organisation des Arbeitsplatzes, die Priorisierung von Aufgaben und das Erstellen von Zeitplänen. Entscheidende Faktoren für ein erfolgreiches Arbeiten im Homeoffice sind das häusliche Umfeld und andere Einflüsse von außen. Es ist essentiell wichtig, das persönliche Umfeld auf die Arbeit im Homeoffice vorzubereiten. Alle Protagonisten müssen wissen, dass man nicht „zuhause" und damit verfügbar ist, sondern den Arbeitsplatz in die eigenen vier Wände verlegt hat. Vor allem mit Kindern im Haushalt müssen klare Regeln vereinbart werden. Arbeits- und Pausenzeiten müssen festgelegt werden, damit klar definiert ist, wann die im Homeoffice arbeitende Person für das Umfeld erreichbar ist und wann nicht.

Checklisten und Praxistipps
Machen Sie sich Ihre Aufgaben bewusst:

- Welche Aufgaben muss/kann ich erledigen?
- Kann ich die Aufgaben allein bewältigen oder benötige ich Unterstützung?
- Wer könnte mich unterstützen?

Machen Sie sich einen Zeitplan:

- Was muss zuerst fertig sein?
- Wieviel Zeit benötige ich insgesamt für die Erledigung meines Tagespensums?

M. Landes et al., *Erfolgreich und gesund im Homeoffice arbeiten*, essentials, https://doi.org/10.1007/978-3-658-32633-3_6

- Schaffe ich die festgelegten Aufgaben während meiner „Normalarbeitszeit"?
- Welche Zeitpuffer plane ich ein?
- Wann mache ich Feierabend?

Erstellen Sie eine Prioritätenliste:

- Erstellen Sie eine Prioritätenliste für alle Aufgaben.
- Erstellen Sie eine Prioritätenliste pro Tag.
- Überprüfen Sie regelmäßig, ob Sie alle Aufgaben in der vorgegebenen Zeit erledigt haben.

Analysieren Sie, wo Ihre „Zeitfresser" liegen. Diese könnten zum Beispiel sein:

- Ich habe keine festen Ziele und Prioritäten.
- Ich versuche, alles auf einmal zu tun.
- Ich kann nur schwer nein sagen.
- Ich will immer alle Fakten wissen.
- Ich neige zu Perfektionismus.
- Ich verfüge nicht über alle notwendigen Informationen.
- Ich habe den Wunsch, immer alle zu beteiligen.
- Ich habe zu viele/zu lange Besprechungen.
- Ich kann oder will keine Aufgaben delegieren.

Vor allem das Zeitmanagement spielt bei der Selbstorganisation eine große Rolle. Hier ist es erfolgsentscheidend, ob man die für sich passenden Methoden und Werkzeuge findet, die wirklich hilfreich sind und nicht eine zusätzliche Belastung darstellen. Schulungen zum Thema Zeitmanagement werden häufig von Personen besucht, die mit den dort vorgestellten Methoden nicht zurecht kommen, weil diese nur für einen bestimmten Typen geeignet sind.

Eine zwar wissenschaftlich nicht validierte, aber in der Praxis bewährte Methode ist es, sich zu überlegen, welcher Zeitmanagement-Typ man ist. Die Autorin und Trainerin Cordula Nussbaum schlägt eine sehr hilfreiche Methode vor, sich die eigenen Bedürfnisse, was Zeitmanagement und Struktur angeht, zu verdeutlichen (Nussbaum 2008). Nach ihrer Theorie gibt es zwei verschiede Typen (mit weiteren Unterteilungen), die „logischen Ordner" und die „kreativen Chaoten", wobei der Begriff „Chaot" keinesfalls despektierlich gemeint ist. Zeitmanagement, wie es üblicherweise betrieben wird, geht mit Disziplin, Routinen,

Strukturen, Ordnung und Listen einher. Diese werden von flexiblen und spontanen Menschen wie den „kreativen Chaoten" am liebsten vermieden.

Den „logischen Denker" kennzeichnen folgende Eigenschaften: Dieser erledigt eine Sache nach der anderen, plant, kann gut priorisieren, liebt vorhersehbare Abläufe, entscheidet nach logischen Kriterien und bekommt Energie durch das Ordnen. Der „kreative Chaot" erledigt viele Dinge gleichzeitig, findet vieles spannend, liebt Freiräume und Abwechslung, wirft Pläne über den Haufen, entscheidet intuitiv und muss Energie in das Ordnen investieren.

Die bekannten, klassischen Methoden des Zeitmanagements eignen sich vor allem für den Typ „logischer Ordner":

Eisenhower-Matrix:

Anhand der Matrix lassen sich Tätigkeiten in vier Kategorien einteilen. Die Aufgaben werden unterschieden hinsichtlich der Fragen: Ist die Aufgabe wichtig oder unwichtig? Ist die Aufgabe dringend oder nicht dringend? Anhand der Kriterien Wichtigkeit (wichtig/nicht wichtig) und Dringlichkeit (dringend/nicht dringend) gibt es vier Kombinationsmöglichkeiten. Die vier Aufgabentypen werden als A-, B-, C- und D-Aufgaben bezeichnet und den Quadranten zugeordnet. Für jeden Aufgabentyp empfiehlt sich eine bestimmte Art der Bearbeitung. D-Aufgaben werden idealerweise nicht erledigt.

Quadrant I (wichtig und dringend): Diese A-Aufgaben sollen rasch erledigt werden.

Quadrant II (wichtig, aber nicht dringend): Diese B-Aufgaben dürfen nicht vernachlässigt werden. Zeit dafür muss bewusst geschaffen und eingeplant werden. Beispiele hierfür sind strategische langfristige Konzepte, Weiterbildung, Vorbeugung.

Quadrant III (nicht wichtig, aber dringend): Dies sind sogenannte C-Aufgaben wie bestimmte E-Mails verschicken, Anrufe beantworten. Diese Aufgaben sollten möglichst reduziert werden oder wenn möglich delegiert werden.

Quadrant IV (weder wichtig, noch dringend): Diese Aufgaben sollten möglichst eliminiert werden.

Paretoprinzip:

Eine der bekanntesten Methoden des Zeitmanagements ist das Paretoprinzip. Es besagt, dass bereits mit 20 % des Zeitaufwandes 80 % des Ergebnisses erreicht werden kann. Die restlichen 80 % der Zeit würden darauf verwendet werden, die noch fehlenden 20 % des Ergebnisses zu erzielen. Das Paretoprinzip warnt damit vor einem übertriebenen Perfektionismus. Es gilt bei jeder Aufgabe zu prüfen, ob 80 % des Ergebnisses ausreichend sind. Ist eine Erfüllung zu 100 % wirklich erforderlich, bedeutet dies nämlich einen 5mal längeren Zeitaufwand. Dieses Instrument ist hilfreich bei der Aufgabenevaluierung und Reflexion.

ALPEN-Methode:

Die ALPEN-Methode (Seiwert und Tracey 2001, S. 86) ist eine Art, seinen Tagesablauf zu planen. Am besten setzt man diese Methode am Ende des Arbeitstages ein, um den folgenden Tag zu strukturieren. Die fünf Elemente sind:

- Aufgaben, Termine und geplante Aktivitäten notieren
- Länge schätzen
- Pufferzeiten einplanen
- Entscheidungen treffen: Aufgaben aus Schritt A werden nun durch eine Gewichtung geordnet. Eventuell muss der Zeitplan nochmals nachjustiert werden.
- Nachkontrolle

Kreative Chaoten planen nicht unbedingt gerne. Sie bleiben lieber flexibel als sich festzulegen. Durch feste Termine fühlen sie sich schnell eingeengt. Viele finden es außerdem langweilig, Termine und Aufgaben irgendwo einzutragen. Als Stärke dieses Typs ist aber das konzeptionelle Denken auszumachen. Er erstellt gerne einen ersten groben Entwurf und folgt einer Vision (Nussbaum 2008, S. 89).

Diese – weniger bekannten Methoden – sind für den „kreativen Chaoten" geeignet:

Reisende To-Do-Sammlung:

Es bringt wenig, Hilfsmittel zu verwenden, die für diese Art zu denken nicht geeignet sind. Meist ist es hilfreich für den „kreativen Chaoten", zunächst separate Tools für Aufgaben und Termine einzusetzen. Aufgaben sollten mit Hilfsmitteln gesammelt werden, die vor allem Spaß machen und nicht den herkömmlichen entsprechen müssen, z. B. Post-its in Form einer Collage, Mind Maps (Nussbaum 2008, S. 92 f.).

Verwendung von Skizzen, Bildern und Farben:

Es empfiehlt sich, die bildhafte Vorstellungskraft zu nutzen. Gute Erfahrungen machen „kreative Chaoten" mit einer Farbkodierung, wie zum Beispiel: Rot für Termine, bei denen man unbedingt pünktlich sein muss, Grün für Termine, bei denen eine Fahrzeit eingeplant werden muss, Lila für persönliche Termine, Blau für Aufgaben, bei denen man nicht gestört werden möchte (Nussbaum 2008, S. 96).

Den Perfektionismus unter Kontrolle halten:

Viele „kreative Chaoten" sind Perfektionisten. Der Perfektionismus äußert sich nicht in akkurat geführten Listen, sondern darin, dass sie einen hohen Anspruch an die eigene Leistung haben. Häufig werden sie durch ihren Perfektionismus gelähmt, weil sie auf die ideale Lösung warten. Deshalb sollte die Devise gelten: weg mit dem

Perfektionismus, lieber unperfekt begonnen als perfekt gezögert. Es ist sehr wichtig, vorab festzulegen, wie gut das Ergebnis tatsächlich sein muss und bei welcher Art von Tätigkeiten man zu Perfektionismus neigt. Hilfreich ist es, sich für Aufgaben Zeitlimits zu setzen. Beispiel: besser 20 min lang das Büro aufräumen und sich danach wieder etwas Spannendem zuwenden als darauf zu warten, zwei Tage am Stück die perfekte Ordnung herzustellen (Nussbaum 2008, S. 146 ff.).

Entscheidend ist es, verschiedene Instrumente auszuprobieren und diejenigen zu finden, die dem eigenen Typen entsprechen.

Teil des Zeitmanagements ist es, seinen Tag so zu strukturieren, dass es zur eigenen Leistungskurve passt. Im Homeoffice bestehen meist größere Freiheiten hinsichtlich der Tagesstruktur.

Bei Menschen gibt es interindividuelle Unterschiede im circadianen Rhythmus (hierzu und zum Folgenden: Wittmann 2013, S. 93). Der Schlaf-Wach-Rhythmus kann sich stark unterscheiden. Die verschiedenen Chronotypen zeigen sich in extremer Ausprägung als Lerchen (Frühaufsteher) und Eulen (Spätaufsteher). Ihre Aktivitäts- und Leistungsmaxima erreichen diese zu unterschiedlichen Zeitpunkten. Frühaufsteher sind am Abend schneller müde, wohingegen Spätaufsteher am Abend noch hellwach und leistungsfähig sind. Da unsere Gesellschaft eher am Chronotyp der Lerche ausgerichtet ist, sich Kernarbeitszeiten in Unternehmen beispielsweise daran orientieren, muss die Eule häufig entgegen ihrer inneren Uhr arbeiten und Leistung bringen. Der Chronobiologe Till Roenneberg nennt dies einen „sozialen Jetlag" (Wittmann et al. 2006). Die Spätaufsteher müssen sich den von außen vorgegeben Zeiten anpassen, können aber aufgrund ihrer inneren Uhr nicht früher schlafen gehen. Dadurch entwickelt sich im Laufe der Arbeitswoche ein Schlafdefizit.

Eine gute Zeitplanung berücksichtigt die individuelle Leistungskurve. Herausfordernde Gespräche und Aufgaben sollten in die Phase des Leistungshochs gelegt werden, die je nach Chronotyp variiert. Bei den „Normaltypen" liegt das Leistungshoch zwischen 8 und 12 Uhr vormittags, bei Frühaufstehern entsprechend früher, bei Spätaufstehern später.

6.2 Kreativität im Homeoffice

Zu der Frage, ob die Arbeit im Homeoffice für die Entwicklung von Kreativität im Arbeitskontext förderlich ist, gibt es unterschiedliche Forschungsergebnisse. Das Homeoffice bringt Vor- und Nachteile für die Entfaltung der Kreativität am Arbeitsplatz mit sich.

Ein großer Vorteil im Homeoffice ist die Möglichkeit der freien Raumgestaltung. Während es am Unternehmensstandort in der Regel nur eingeschränkt möglich ist, die Arbeitsumgebung den eigenen Bedürfnissen entsprechend einzurichten, kann man sich zu Hause einen Arbeitsplatz gestalten, der die Ideenfindung unterstützt. Einige Unternehmen haben bereits erkannt, wie wichtig die Arbeitsumgebung für die Entwicklung von Kreativität ist. So hat Microsoft gemeinsam mit Steelcase, einem Unternehmen, das spezialisiert ist auf Arbeitsplatz-Design, auf der Basis von Studien Arbeitsräume entwickelt, die geeignet sind, die kreative Leistung bei Mitarbeitenden zu fördern, die so genannten Creative Spaces. Diese werden so beschrieben: „… ein integriertes Ökosystem aus Raum- und Technologielösungen für die vielfältigen Arten der kreativen Arbeit: die ungestört konzentrierte Einzelarbeit, die Ideenfindung zu zweit, das Generieren von Lösungen in Gruppen sowie das diffuse Denken, das dem Geist freien Lauf lässt. Die Creative Spaces sind Orte, die das Vertrauen stärken, zu neuen Denkweisen inspirieren und die Experimentierfreude fördern." (Steelcase 2020, o. S.). Viele Büroräume in Unternehmen sind jedoch neutral und nüchtern gehaltene Räumlichkeiten, die nicht darauf ausgerichtet sind, Inspiration und Kreativität zu fördern. Im eigenen Zuhause hat man nun die Möglichkeit, sich eine ansprechende Arbeitsumgebung zu schaffen, in der man sich wohl fühlt und die kreativitätsfördernd ist.

Checkliste kreativitätsfördernde Raumgestaltung

- Wählen Sie einen Ort, an dem Sie ungestört arbeiten können. Steht kein eigenes Arbeitszimmer zur Verfügung, kann ein Raumteiler konzentriertes Arbeiten unterstützen.
- Umgeben Sie sich mit inspirierenden Gegenständen, die Ihre Fantasie anregen.
- Schaffen Sie einen Raum, der gleichermaßen geordnetes Arbeiten und kreative Arbeitsmethoden zulässt. Genügend Stauraum für nicht benötigte Materialien schützt vor Ablenkung. Ein Whiteboard oder eine weiße Wand können flexibel als Kanban-Board, für Mindmaps oder für ein Brainstorming mit Post-its genutzt werden.
- Wählen Sie die Farben für Wände und Dekorationsgegenstände im Arbeitsraum gezielt aus. Farben beeinflussen unsere Stimmung. Die Farbe Grün soll laut einer Studie kreativitätsfördernd wirken (Lichtenfeld et al. 2012).

Ein weiterer Vorteil zur Förderung von Kreativität ist die selbstbestimmte Einteilung des Arbeitstages. Kreativität ist meist nicht auf Knopfdruck möglich. Gerade bei der Suche nach neuen Ideen oder bei der Lösung für ein Problem kann es kontraproduktiv sein, sich ausschließlich auf die aktuelle Aufgabe zu konzentrieren. Der Kreativitätsforscher Rainer Holm-Hadulla beantwortet die Frage, wie Kreativität am Schreibtisch gefördert werden kann folgendermaßen: „Indem man die Kreativitätskultur im Unternehmen verbessert, das heißt eine Achtsamkeit für individuelle Rhythmen und Ausdrucksformen von Arbeit entwickelt. Dazu gehört zum Beispiel auch, je nach Bedürfnis, ein kurzer Mittagsschlaf." Holm-Hadulla weiter: „Mit den notwendigen Fakten versorgt, tauchen sie in eine Inkubationsphase ein. Es gärt, es entwickeln sich Ideen, die sich zunächst noch nicht greifen lassen und die – als Folge der Aufweichung der alten Wissensstruktur – mit dem erwähnten Unlustgefühl einhergehen. Schließlich die Illumination: Man sieht ein Licht am Ende des Tunnels. Es folgt der Heureka-Effekt, ganz von selbst." (Göricke 2011). Für kreative Lösungen braucht es also Freiräume. Diese Aussagen decken sich mit den Forschungsergebnissen von Nancy Andreasen, die bei der Untersuchung von Hirnaktivitäten bei kreativen Vorgängen den Begriff Random Episodic Silent Thought, kurz REST geprägt hat (Andreasen 2011). Der Psychologe Werner Stangl erklärt diesen Begriff so: Random Episodic Silent Thought nennt die Neurowissenschaft jene Prozesse im Gehirn, wenn nach einer längeren Phase des Nachdenkens Ruhe eintritt. Dann ist vor allem der Assoziationscortex, also die Fasern im Gehirn, die weit entfernte Areale miteinander verbinden, besonders aktiv. In diesen Augenblicken kommt es zu oft überraschenden Gedanken und Lösungen. Der Begriff Random Episodic Silent Thought (REST) bezeichnet somit einen Zustand des Innehalten und ruhigen Nachdenkens, in dem die höchstentwickelten und komplexesten Hirnareale weitaus aktiver sind als beim fokussierten Lösen von fest umrissenen Aufgaben. Nach Ansicht von Experten scheint diese Form der frei flottierenden Gedanken eine Voraussetzung für kreatives Denken darzustellen (Stangl 2020). Während ein Powernap im Unternehmen in den meisten Fällen undenkbar ist, lässt sich eine Ruhepause im Homeoffice problemlos in den Tagesablauf integrieren.

Ebenso effektiv sind andere Tätigkeiten, die geeignet sind, Abstand zu Aufgaben zu finden, um dem Gehirn die Möglichkeit zu geben, ungestört an einer Lösung zu arbeiten, etwa Spaziergänge, sportliche Aktivitäten oder Meditation. Auch der Besuch von Orten, die nicht zwingend mit dem zu lösenden Problem verbunden sind, fördert die Inspiration.

Von Vorteil im Homeoffice ist natürlich auch, dass auf individuelle chronobiologische Bedürfnisse Rücksicht genommen werden kann, wie im vorhergehenden Kapitel ausführlich beschrieben. Holm-Hadulla sagt dazu: „Wer zum Beispiel morgens nach dem Aufstehen besonders kreativ ist, diese Zeit aber aufwenden muss, um sich anzuziehen und ins Büro zu fahren, hat die besten Momente des Tages vertan." (Hölper 2020, o. S.). Mitarbeitende im Homeoffice sollten also beobachten, zu welchen Tageszeiten sie besonders produktiv und kreativ sind und komplexe Aufgaben in diesen Zeitfenstern bearbeiten.

Auch Kreativitätstechniken und -methoden sind nützlich, um die Kreativität anzukurbeln und können problemlos zu Hause eingesetzt werden. Ein Beispiel ist die so genannte Kopfstand- oder Umkehrmethode. Dabei wird eine Fragestellung in ihr genaues Gegenteil verkehrt, um ein Problem aus einer völlig anderen Perspektive zu betrachten. Die Frage „Wie können wir die Kundenzufriedenheit im Bereich xy erhöhen?" würde dann lauten: „Was müssen wir tun, um unsere Kunden im Bereich xy so unzufrieden wie möglich zu machen?". Dazu werden Ideen generiert. Im nächsten Schritt werden die Ideen zur Verschlimmerung des Problems dann in produktive Lösungsansätze umformuliert. Durch den Perspektivwechsel werden oft unerwartete Lösungen gefunden.

Sind Mitarbeitende mit Kreativitätstechniken weniger vertraut, kann eine entsprechende Schulung durch Experten sinnvoll sein.

Eher nachteilig auf die Kreativität wirkt sich im Homeoffice die eingeschränkte Möglichkeit aus, im Team zu arbeiten. Häufig entstehen gerade in der Zusammenarbeit mit anderen gute Ideen. Durch unterschiedliche Perspektiven, interdisziplinäre Beiträge und den größeren Wissenspool in der Gruppe entstehen im Team Lösungen, an die eine Einzelperson vielleicht gar nicht gedacht hätte. Eine Studie von Wissenschaftlern der Leibniz-Universität Hannover, in der die Auswirkungen auf die Kreativität von Teams bei der Nutzung verschiedener Kommunikationsmedien untersucht wurde, empfiehlt zum Austausch im Team die Kommunikation per Videokonferenzen, da die kreative Leistung etwa im Chat wesentlich geringer sei (Grözinger et al. 2020). Zudem gibt es zahlreiche online-Tools, die die kreative Arbeit von remote arbeitenden Teams unterstützen. Virtuelle Boards ermöglichen das zeitgleiche Arbeiten verschiedener Teams an verschiedenen Projektbereichen in Echtzeit, bei denen Teammitglieder der unterschiedlichen Gruppen sich im virtuellen Raum gegenseitig besuchen, Arbeitsstände einsehen und Ideen austauschen können. Die vielfältigen Gestaltungsmöglichkeiten dieser Tools bieten zudem zahlreiche kreative Umsetzungsmöglichkeiten bei der Ausarbeitung und Visualisierung von Ideen, wie den Einsatz von virtuellen Post-its, virtuellen Zeichengeräten oder Fotocollagen.

Sicher und effizient arbeiten im Homeoffice

Eine Arbeit im Homeoffice ist möglich, wenn die Art der Aufgaben und die Natur des Beschäftigungsverhältnisses es ohne wesentliche Beeinträchtigungen des Arbeitsablaufes und des Kontaktes zu der Organisationseinheit ermöglichen, die Aufgaben auch außerhalb des Büroarbeitsplatzes zu erledigen. Eine Beeinträchtigung ist u. a. wesentlich, wenn dadurch die Arbeitsleistung anderer Angehöriger der Organisationseinheit oder des Unternehmens negativ beeinflusst wird, wenn Kundenbeziehungen dadurch leiden oder dem Unternehmen wirtschaftlicher Schaden droht oder wenn Risiken für den Datenschutz oder die Arbeitsplatzsicherheit bestehen.

Die Entscheidung darüber, in welchen Bereichen Homeoffice möglich ist, wird von der Führungskraft oder der von der Unternehmensleitung bestellten Person möglichst einheitlich getroffen. Die Entscheidung soll auf objektivierbare Faktoren wie z. B. die Art der Aufgaben, der Notwendigkeit von Abstimmungen innerhalb der Organisationseinheit, den Kontakt zu Kunden, Sicherheitsbestimmungen, Anforderungen des Datenschutzes, Zugriff auf physische Akten, Arbeiten in Projekten etc. basieren. Bei der Beurteilung werden Beauftragte für den Datenschutz und Beauftragte für Arbeitsplatzsicherheit bei Bedarf hinzugezogen. Wird der Antrag abgelehnt, so sollte ein Anspruch auf eine schriftliche Begründung bestehen.

Bei nur gelegentlicher Arbeit im Homeoffice ist oftmals kein formeller Antragsprozess notwendig. Die gelegentliche Arbeit im Homeoffice erfolgt mit Einverständnis und in Abstimmung mit der Führungskraft. Der Umfang liegt oft im Ermessen der Führungskraft, die auch über die datenschutzrechtlichen Belange befindet. Neben der grundsätzlich schriftlichen Einwilligung in sporadische Heimarbeit kann zwischen Führungskraft und Mitarbeitenden auch ein

M. Landes et al., *Erfolgreich und gesund im Homeoffice arbeiten*, essentials, https://doi.org/10.1007/978-3-658-32633-3_7

anderer Prozess vereinbart werden (z. B. nachträgliche Genehmigung nach vorheriger Anzeige). Die Genehmigung sollte dokumentiert werden, z. B. aus Gründen des Versicherungsschutzes.

Die Vereinbarung zum Homeoffice (Homeoffice Policy) sollte folgende Bereiche regeln:

- Beginn des Homeoffice
- falls das Homeoffice nur vorübergehend gewährt wird: die Dauer des Homeoffice und ggf. besondere Vereinbarungen zu Verlängerungsgründen
- Ort des Homeoffice
- (un-)zulässige Orte für ein Mobile Office
- Aufgaben, die im Homeoffice erledigt werden können
- Aufteilung der Arbeitszeit auf die Büroarbeit und die Homeoffice – Zeiten, wobei Abweichungen im Einzelfall möglich sind
- Erreichbarkeitszeiten und Kontaktwege
- Regelungen zur Ausstattung des Arbeitsplatzes mit IT-Systemen und/oder Büromöbeln
- Regelungen zur Übernahme von Kosten, sofern diese von den allgemeinen Regeln abweichen

Die Arbeit im Homeoffice sollte nicht anders als die Arbeit im Büro angesehen werden. Deshalb ist es notwendig, sich auch mit der richtigen Einrichtung des Heimarbeitsplatzes zu befassen und die Arbeitsorganisation effizient zu gestalten. Absolute Mindestanforderungen an den Heimarbeitsplatz sind:

- beheizbarer Raum
- Frischluftzufuhr durch Fenster oder Belüftungseinrichtung
- ausreichende Beleuchtungseinrichtungen am Arbeitsplatz
- ergonomische, die Gesundheit nicht beeinträchtigende Arbeitsmöbel
- Eignung für die Aufgabenerledigung unter Beachtung der grundsätzlich geltenden Anforderungen an den Arbeitsplatz
- Zulassung für einen dauernden Aufenthalt von Menschen

Ohne eine Erfüllung dieser Mindestanforderungen ist ein Raum so grundsätzlich ungeeignet, dass ein Homeoffice dort nicht eingerichtet werden kann.

Der Arbeitsplatz muss die Bestimmungen des Arbeitsschutzes erfüllen. Mitarbeitende sollten hierfür eine Liste zur Prüfung der entsprechenden Vorschriften erhalten und diese Liste ausfüllen und unterzeichnen, um damit zu bestätigen, dass die Anforderungen nach bestem Wissen und Gewissen erfüllt sind.

Mitarbeitende können entsprechende Schulungen zu dem Thema Arbeitsplatzge-staltung besuchen und auf Wunsch auch eine Begehung durch den Fachdienst für Arbeitssicherheit durchführen lassen. Die Dokumentation der Einhaltung der arbeitsschutzrechtlichen Bestimmungen kann anhand eines Fotos oder einer Skizze gegenüber dem Arbeitgeber nachgewiesen werden. Ist dieser Nachweis anhand der Fotos nicht möglich, können weitere Nachweise gefordert werden. Bestehen begründete Zweifel an der Eignung des Heimarbeitsplatzes, so könnte z. B. der Arbeitgeber eine Begehung durch den Fachdienst für Arbeitssicher-heit fordern, wobei i. d. R. der Betriebsrat hierüber zu informieren ist und an dem Termin auf Wunsch der Mitarbeitenden teilnehmen kann. Sinnvollerweise regelt man im Vorfeld auch Betretungsrechte (nach rechtzeitiger Ankündigung) für Mitarbeitende aus der IT zur Einrichtung von notwendiger Infrastruktur, Datenschutzbeauftragte, Fachkräfte für Arbeitsschutz und die Folgen aus einer Verweigerung einer notwendigen Besichtigung.

Die Führungskraft legt in Abstimmung mit der IT-Abteilung fest, welche IT-Ausstattung für die Erledigung der Aufgaben im Homeoffice notwendig ist und zur Verfügung gestellt wird. Bei der Bereitstellung der IT-Ausstattung müssen die Funktionalität und die arbeitsschutzrechtlichen und ergonomischen Anforderungen berücksichtigt werden und die Wünsche der Mitarbeitenden soll-ten einbezogen werden. Es kann vorgesehen werden, dass die Ausstattung mit Möbeln und Beleuchtung den Mitarbeitenden unter Beachtung ergonomischer Gesichtspunkte überlassen wird und privat beschafftes Mobiliar eingesetzt werden kann.

Notwendiges Büromaterial wird vom Arbeitgeber zur Verfügung gestellt. Es sollte zur Klarstellung geregelt werden, dass die vom Arbeitgeber bereitgestell-ten Arbeitsmittel und Büromaterialien nicht für private Zwecke verwendet werden dürfen bzw. die private Nutzung wird gesondert gestattet. Arbeitsmittel und Büro-material sind vor dem Zugriff Dritter zu schützen, sie verbleiben im Eigentum des Arbeitgebers.

Gesetzliche, arbeitsvertragliche und tarifvertragliche Regelungen zur Arbeits-zeit sind auch im Homeoffice einzuhalten. Dies gilt insbesondere für Ruhezeiten, tägliche Höchstarbeitszeiten und wöchentliche Höchstarbeitszeiten. Die Vertei-lung von Homeoffice-Zeiten und Arbeitszeiten am Büroarbeitsplatz sollte so geplant werden, dass berufliche Interessen nicht beeinträchtigt werden und der Zusammenhalt im Team erhalten bleibt. Die Genehmigung von notwendigen Überstunden ist zu regeln.

Die Erreichbarkeit im Homeoffice sollte zwischen Mitarbeitenden und der Füh-rungskraft unter Abwägung betrieblicher und privater Erfordernisse vereinbart

werden und sich an den üblichen Arbeitszeiten orientieren. Abweichungen sollten auf Wunsch des/der Mitarbeitenden möglich sein, wenn dies die betrieblichen
Abläufe nicht stört. Es sollte klar geregelt werden, dass der/die Mitarbeitende
außerhalb dieser Erreichbarkeitszeiten das Recht hat, nicht erreichbar zu sein.

Weiterhin sollte geregelt werden, wie die Kosten für das Homeoffice (anteilige
Miete, anteilige Strom-, Internetkosten etc.) ersetzt werden und wie mit Beschä-
digungen an solchen Gegenständen umgegangen wird, die der Arbeitgeber zur
Verfügung gestellt hat.

Ein wichtiges Feld mit Regelungsbedarf ist der Datenschutz. Mitarbeitende
im Homeoffice haben die Datenschutzvorschriften des Unternehmens einzuhalten. Der Arbeitgeber sollte festlegen, welche Verarbeitungen unter Beachtung
der datenschutzrechtlichen Bestimmungen im Homeoffice zulässig sind. Die IT-
Sicherheit muss gewährleistet werden und die im Rahmen der betrieblichen
Tätigkeiten anfallenden Informationen dürfen nur entsprechend der vorgegebenen Schutzstufen im Homeoffice verwendet werden. Es gilt der Grundsatz der
Datensparsamkeit, d. h. die im Rahmen eines Homeoffice verwendeten elektroni-
schen oder physischen Daten sind auf ein Mindestmaß zu beschränken und sowohl
beim Transport vom und zum Büroarbeitsplatz als auch im Homeoffice vor dem
Zugriff Dritter zu schützen. Werden die Daten im Homeoffice nicht mehr benötigt, sind diese an den Büroarbeitsplatz zu transferieren. Vorgaben zur Sicherung
von Daten gegen Verlust sind einzuhalten. Nicht mehr benötigte Daten sind am
Büroarbeitsplatz sachgerecht zu entsorgen.

Weitere erforderliche Eigenschaften an den Homeoffice-Arbeitsplatz sind
(auch diese Aufzählung ist nicht abschließend):

Raum und Anordnung der Büromöbel

Es sollte ein ausreichend großer Arbeitsraum (8–10 m^2) zur Verfügung stehen,
bei dem der Schreibtisch in Blickrichtung parallel zum Fenster angeordnet ist
und die freie Bewegungsfläche mindestens $1,5$ m^2 beträgt und mindestens 80 cm
breite Wegeflächen freigehalten werden. Der Fußboden muss sicher begehbar
sein. Fußböden bzw. Fußbodenbeläge haben aus schadstoffarmen oder schadstoff-
freien Materialien zu bestehen und für Bürodrehstühle mit Rollen sollte an einen
rutschsicheren Schutzbelag auf dem Boden gedacht werden.

Beleuchtung

Die Beleuchtung muss den Anforderungen der Tätigkeit entsprechen, insbesondere darf keine Blendung durch zu helles Licht und keine störenden Spiegelungen
z. B. auf Bildschirmen vorkommen. Die Ausleuchtung des Arbeitsplatzes muss

ausreichend hell sein und eine verstellbare Lampe vorhanden sein. Sonnenschutz-
vorrichtungen sind notwendig, wenn es zu Blendung durch Sonneneinstrahlung
kommen kann.

Lärm
    Böden, Decken und Wände sollten lärmdämmend sein und es sollten keine
Störgeräusche durch Arbeitsmittel (Lüfter, Drucker) entstehen. Auf von außen
eindringenden Lärm ist bei der Wahl des Arbeitsplatzes zu achten und der
Lärmpegel bei geistiger Tätigkeit sollte gering sein.

Raumluft
    Die Raumtemperatur sollte in der Regel zwischen 20 °C und 22 °C liegen.
Durch Blenden oder Jalousien verhindert man das Aufheizen bei Sonneneinstrahlung. Die relative Luftfeuchtigkeit sollte zwischen 50 % und 65 % liegen; Pflanzen
helfen bei der Verbesserung des Raumklimas. Fenster müssen zu öffnen sein,
Arbeiten in Zugluft gilt es zu vermeiden. Klimageräte müssen gemäß Anleitung
gewartet werden. Bei der Büroeinrichtung ist darauf zu achten, dass diese keine
Schadstoffe ausdünsten.

Arbeitsplatzgröße
    Die Arbeitsfläche hat mindestens 120 cm × 80 cm, besser 160 cm × 80 cm zu
betragen. Die Höhe des Schreibtisches sollte 74 cm (±2 cm) sein oder die Fläche
ist höhenverstellbar und korrekt eingestellt. Außerdem braucht es ausreichende
Beinfreiheit, in der Breite mind. 85 cm.

Arbeitsmittel
    Der Bildschirm ist zentral im Blickfeld anzuordnen und der Abstand zwischen
den Augen und dem Bildschirm und der Tastatur sollte möglichst gleichgroß
sein und mindestens 50 cm betragen. Die oberste Zeile auf dem Bildschirm
sollte sich in Augenhöhe oder tiefer befinden. Die Tastatur sollte variabel auf-
stellbar sein und genügend Ablagefläche für die Hände vorsehen. Eine Maus
sollte ergonomisch geformt sein. Das Mobiliar darf keine Stolper- oder Stoß-
gefahren schaffen. Die Tischfläche muss matt und der Tisch stabil aufgestellt
sein. Alle Büromöbel müssen stand- und kippsicher sein. Die Schübe sind gegen
Herausfallen zu sichern. Es braucht ausreichend Platz zur Ablage von Unterlagen. Bei Bildschirmarbeitsplätzen, an denen mit Vorlagen gearbeitet wird, sind
geeignete Vorlagenhalter notwendig. Die eingesetzten Betriebsmittel müssen ein
entsprechendes Prüfzeichen haben. Kabel sind so zu verlegen, dass sich keine
Stolpergefahr ergibt.

Bürostuhl

Der Arbeitsstuhl muss standsicher, stabil mit fünf Abstützpunkten (Rollen) und gegen unbeabsichtigtes Wegrollen gesichert sein. Die Formgebung und Einstellmöglichkeiten müssen eine ergonomische Sitzhaltung erlauben, d. h. abgerundete Sitzkante, in Neigung und Höhe verstellbare Rückenlehne, höhenverstellbare Sitzfläche, Lendenwirbelstütze, geeignetes Polster. Die Rollen müssen für den Bodenbelag geeignet sein.

Elektrische Anlagen

Elektrische Anlagen, Geräte und Leitungen müssen funktionssicher, unbeschädigt und gegen Stromschläge gesichert sein und über entsprechende Prüfsiegel verfügen. Die Prüffrist darf nicht abgelaufen sein. Elektrische Anschlüsse müssen fachgerecht vorgenommen worden sein und der Stromanschluss darf nicht überlastet werden. Schalter und Steckdosen sind fest einzubauen oder sicher auf der Wand zu befestigen. Die Leitungen müssen über Knickschutz und Zugentlastung verfügen und dürfen nicht abgequetscht werden. Der Einsatz elektrischer Zusatzheizungen bedarf einer gesonderten Einschätzung der Brandgefahr und ist nur auf feuerfestem Untergrund zu platzieren. Alle elektrischen Anlagen entsprechen den Vorgaben der Fachverbände.

Notfallvorsorge

Sinnvollerweise werden notwendige Ausstattungen zur Ersten Hilfe vorrätig gehalten und die Brandschutzmaßnahmen (z. B. Rauchmelder) sind vorhanden. Rettungswege im Brandfall sind gewährleistet und es gibt eine Einweisung oder Schulung zu Verhalten in Notfällen im Homeoffice.

Mobiles Arbeiten

Arbeits(umgebungs-)bedingungen im Hotel, auf Flughäfen, Bahnhöfen, in Flugzeugen oder Zügen dürfen kein Beeinträchtigungsrisiko darstellen. So sind ungünstige Lichtverhältnisse oder klimatische Bedingungen, Lärm, Enge etc. zu vermeiden, denn diese können die Arbeit erschweren. Bei Hotelbuchungen sollte auf ausreichende Zimmergröße und einen Schreibtisch geachtet werden. Mobile Endgeräte sollten leicht und möglichst kompakt sein, aber eine ausreichend große physische Tastatur und einen gut ablesbaren, matten Bildschirm haben. Gefährdungen bei der mobilen Arbeit (z. B. durch ungünstige Sitzhaltung, Lärm, Zeitdruck) werden in Schulungen erläutert und Informationsmaterial wird zur Verfügung gestellt.

Weitere Anforderungen

Der Arbeitsplatz sollte so gewählt werden, dass dort ein ungestörtes Arbeiten möglich ist. Es braucht einen aufgeräumten Schreibtisch und ausreichend Regale für das Unterbringen von Unterlagen. Zudem muss die elektronische Kommunikation durch Anbindung an das (W)LAN sichergestellt sein und ausreichend Bandbreite verfügbarsein, um problemlos arbeiten zu können und auch an Videokonferenzen teilnehmen zu können. Auf eine gute Belüftung des Raumes sollte ebenso geachtet werden, wie auf den Einfall von Licht und das Auftreten von Lärm. Die Freizeit und das Ausspannen von der Arbeit dürfen nicht zu kurz kommen, die Regelungen zur Arbeitszeit sind einzuhalten. Auch Pausen von der Arbeit sollten so eingeplant werden, wie am Büroarbeitsplatz (siehe hierzu auch das Kapitel „Physische und mentale Gesundheit im Homeoffice").

Geklärt werden muss der Umgang mit datenschutzrelevanten Unterlagen (Passwortregeln, Sichtschutzfolien bei mobilem Arbeiten, Verschlüsselung). Es sollte eine Möglichkeit geben, vertrauliche Unterlagen sicher zu verwahren. Wenn für die Arbeit im Homeoffice regelmäßig Schriftstücke erforderlich sind, sollte die Möglichkeit der Digitalisierung von Post genutzt werden. Zu klären sind auch Rufumleitungen der Bürorufnummern und die Möglichkeit von Videokonferenzen. Hierbei ist besonders auf die Belange des Datenschutzes zu achten.

Optimalerweise kann die Einrichtung des Büroarbeitsplatzes von für den Arbeitsschutz zuständigen Mitarbeitenden geplant und geprüft werden.

Physische und mentale Gesundheit im Homeoffice

8

8.1 Chancen und Risiken der Arbeit im Homeoffice

Studien belegen, dass aktuell vier von zehn Unternehmen in Deutschland Mitarbeitende beschäftigen, die die Möglichkeit des Heimarbeitsplatzes nutzen (Suhr 2019). Die Tendenz ist steigend (Brandt 2019), nicht zuletzt bedingt durch die fortschreitende Digitalisierung der Arbeitswelt, die ortsunabhängiges Arbeiten wesentlich erleichtert. Zudem hat die durch die Corona-Pandemie 2020 bedingte Notwendigkeit der Arbeit zu Hause den Prozess der Digitalisierung beschleunigt und in vielen Unternehmen zur Einrichtung und zum Ausbau von Heimarbeitsplätzen geführt. Als Gründe für die Arbeit im Homeoffice werden von Seite der Mitarbeitenden außerdem der Wunsch nach Vereinbarkeit von Beruf und Familie, Fahrzeitersparnis oder mehr Flexibilität genannt. Gleichzeitig macht das Arbeiten zu Hause die Trennung von Beruf und Privatem oft schwierig. So vorteilhaft es sein mag, sich die Arbeitszeit frei(er) einteilen zu können, entfällt im Homeoffice auch ein festgelegter Feierabend durch Kernarbeitszeiten. Führungskräfte oder Kollegen können nicht gegenseitig regulierend auf die Einhaltung von gesetzlichen Arbeitszeiten Einfluss nehmen. Im Homeoffice ist ein hohes Maß an Selbstmanagement gefragt, um eine sinnvolle Balance zwischen Freizeit und Arbeit, bzw. Phasen der Anforderung und der Regeneration zu gewährleisten. Ohne ausgleichende Ruhephasen kann sich der Körper nicht von den Anforderungen des Arbeitsalltags erholen. Zudem bringt die Arbeit im eigenen Zuhause vielfältige Veränderungen im Vergleich zur Arbeit im Büro mit sich, die Stress auslösen können. Stress am Arbeitsplatz spielt im europaweiten Vergleich gerade in Deutschland eine große Rolle (Disselhoff 2015). Die Folge sind

M. Landes et al., *Erfolgreich und gesund im Homeoffice arbeiten*, essentials, https://doi.org/10.1007/978-3-658-32633-3_8

nicht selten stressbedingte psychische Krankheiten wie Depressionen oder chronische Erschöpfungszustände. Die Technikerkrankenkasse verzeichnet in ihrem Depressionsatlas einen Anstieg depressionsbedingter Arbeitsausfälle um nahezu 70 % seit dem Jahr 2000. Die Studie legt nahe, dass die Ursache für Depressionen häufig Arbeitssituationen mit hohem Stressniveau und hohen psychischen Belastungen sind (TK 2015). Angesichts solcher Zahlen ist es wichtig, nicht nur am Unternehmensstandort selbst für ein gesundheitserhaltendes und gesundheitsförderndes Arbeitsumfeld zu sorgen, sondern auch die Arbeit im Homeoffice möglichst stressarm zu gestalten und verbindliche Absprachen zur Förderung eines gesunden Arbeitsklimas im eigenen Zuhause zu treffen.

8.2   Zusammenhang von Stress und Arbeit

Wenn man die physische und psychische Gesundheit im Arbeitskontext erhalten und fördern möchte, ist es sinnvoll, sich auch mit den Faktoren zu beschäftigen, die die Gesundheit gefährden können. Wie bereits ausgeführt, ist Stress einer der Hauptgründe. Nachfolgend soll daher näher beleuchtet werden, wie Stress entsteht, was er körperlich und mental bewirkt und was mögliche Auslöser für Stress in der Arbeit sind.

Nach dem transaktionalen Stressmodell des Psychologen Richard Lazarus (1991) liegt der Entstehung von Stress eine subjektive Bewertung zugrunde. Unser Gehirn prüft die Situationen, die wir erleben, auf ihr Gefahrenpotenzial. Wird eine Situation als irrelevant oder positiv eingeschätzt, besteht kein Handlungsbedarf, es droht keine Gefahr. Wird ein Ereignis dagegen als mögliche Bedrohung beurteilt, erfolgt eine sofortige Einschätzung der Handlungs- und Bewältigungsmöglichkeiten. Stehen uns ausreichend materielle, soziale, psychologische oder auch körperliche Ressourcen zur Verfügung, erleben wir eine Situation als bewältigbare Herausforderung. (Lazarus 1991). Die Ausschüttung von Adrenalin verursacht dann einen „Adrenalinkick", wir fühlen uns motiviert, beschwingt und handlungsfähig. Man spricht von positivem Stress, auch Eustress genannt. Stehen die zu Lösung einer Aufgabe benötigten Ressourcen nicht zur Verfügung, entsteht negativer Stress, so genannter Dysstress. Unsere Wahrnehmung meldet Gefahr. Stresshormone wie Adrenalin, Noradrenalin und Cortisol fluten unseren Körper, um uns schnell und unmittelbar auf Gefahrensituationen reagieren zu lassen. Unser Körper drosselt nun, ausgelöst durch die Stresshormone, nicht benötigte Systeme, beispielsweise das Immunsystem und die Verdauung, um die notwendige Energie für eine Kampf- oder Fluchtreaktion zur Verfügung zu stellen. Evolutionsbedingt war dies sinnvoll und überlebensnotwendig, um etwa im

Kampf gegen wilde Tiere zu bestehen oder flüchten zu können. Diese Situationen waren jedoch kurzzeitige Ereignisse. Wenn die Gefahrensituation vorüber war, konnte sich der Körper davon erholen. Folgt auf die Anspannung eine Phase der Entspannung und Regeneration, kann unser Körper Stress gut verarbeiten. Erleben wir hingegen häufig Stresssituationen oder hält der Stress dauerhaft an, hat dies Auswirkungen auf unsere Gesundheit. Darauf wird im Abschnitt Boreout, Burnout und Flow noch näher eingegangen. Im Homeoffice ist es oft nicht ganz einfach, die richtige Balance von Stress- und Erholungsphasen zu finden. Außerdem ist Stressempfinden sehr subjektiv. Was manche Mitarbeitende nicht stört, kann für andere ein Auslöser für massiven Stress sein. Die Arbeit im Homeoffice ist dafür ein gutes Beispiel. Während die einen die maximale Freiheit und die Möglichkeit konzentrierten Arbeitens im eigenen Zuhause genießen, fühlen sich andere gestresst durch fehlende soziale Kontakte oder überfordert durch das benötigte hohe Maß an Selbstmanagement.

Auch zahlreiche andere Faktoren, auf die wir nur wenig oder gar keinen Einfluss haben, verursachen Stress in der modernen Arbeitswelt. Digitalisierung, Globalisierung, fortwährende technische Veränderungen und steigende Anforderungen an den Einzelnen sind hier zu nennen. Wir sprechen von der so genannten VUKA-Welt. VUKA ist eine Abkürzung für die folgenden Begriffe:

V eränderlich

U ngewiss

K omplex

A mbig

(Heller 2018, S. 9)

Anders als noch vor wenigen Jahrzehnten ist unsere Umwelt in ständigem Wandel begriffen, die Zukunft ist ungewiss, technologische Entwicklungen erfolgen in immer kürzeren Abständen, die Leistungsanforderungen an den Einzelnen werden immer komplexer. Aussagen und Absprachen im Arbeitskontext können oft nicht mehr eindeutig interpretiert werden, sind von zahlreichen, häufig externen Faktoren abhängig. Die VUKA-Welt birgt ein großes Stresspotenzial und das hat Auswirkungen auf die Gesundheit der Menschen. Umfragen zufolge leiden neun von zehn Beschäftigten in Europa unter Stress; Deutschland rangiert in der Befragung auf den vorderen Plätzen. Stress verursacht langfristig ernst zu nehmende Krankheiten, darunter Nacken- und Rückenschmerzen, Tinnitus oder psychische Krankheiten wie Burnout oder Herz-Kreislauf-Erkrankungen (Rigos 2019, S. 23).

Nicht nur die großen Stressfaktoren der VUKA-Welt beeinflussen unser Wohlbefinden. Im Alltag empfinden wir Stress häufig dann, wenn ein Ungleichgewicht von positiven und negativen Wahrnehmungen besteht. Menschen tendieren nämlich dazu, negative Erlebnisse und Emotionen stärker wahrzunehmen als positive.

Einer Studie zufolge (Gottmann und Levenson 1999) benötigt es fünf positive Erfahrungen, um eine negative Erfahrung auszugleichen. Gerade im Arbeitsalltag sind wir uns oft gar nicht bewusst, in welchem Verhältnis unsere positiven und negativen Wahrnehmungen bei unseren täglichen Aufgaben tatsächlich stehen. Bei der Arbeit im Homeoffice sind Mitarbeitende bei der Bewertung dieses Verhältnisses auf sich selbst gestellt. Eine einfache Übung aus dem achtsamkeitsbasierten Stressmanagement hilft, das Verhältnis von Stressoren und ausgleichenden Tätigkeiten im (Arbeits-) Alltag zu analysieren:

• Verfassen Sie eine Liste aller Tätigkeiten, die Sie an einem bestimmten Tag verrichten. Dazu zählen alle erledigten Aufgaben des Tages (klar arbeitsbezogene Tätigkeiten wie Listen schreiben, Mails verschicken oder Telefonate führen), aber auch alle anderen Verrichtungen im Tagesablauf wie Mittagessen, Kaffee kochen, Dehnübungen und Pausen.
• Splitten Sie dabei komplexe Aufgaben wie etwa die Organisation einer Veranstaltung in die damit verbundenen einzelnen Tätigkeiten auf. Je detaillierter Sie die einzelnen Arbeitsschritte aufteilen, desto genauer wird Ihre Analyse.
• Markieren Sie nun alle Tätigkeiten, die Stress verursachen oder eher unangenehm sind in einer Farbe und alle Tätigkeiten, die Ihnen Kraft geben, angenehm sind oder Freude bereiten in einer anderen Farbe.
• Überprüfen Sie nun, ob die Stress verursachenden und die positiv konnotierten Tätigkeiten sich die Waage halten, oder ob eine Farbe dominiert. Führen Sie diese Analyse über mehrere Tage hinweg durch, erhalten Sie ein realistisches Bild Ihres täglichen Stresspotenzials.

Überwiegen die negativ wahrgenommenen Tätigkeiten, ist dies eine potenzielle Quelle für Stress. Versuchen Sie dann, vermehrt Tätigkeiten in Ihren Alltag zu integrieren, die diesen Stressoren entgegenwirken und Ihr Wohlbefinden steigern. Bezogen auf die genannte Studie sollten die positiven Erfahrungen dabei zahlreicher sein als die negativen, um das Entstehen von Stress zu vermeiden (Träder 2020). Ein Vorteil bei der Arbeit im Homeoffice ist in diesem Zusammenhang die Möglichkeit, den Arbeitstag flexibler zu gestalten, den persönlichen Bedürfnissen anzupassen und so durch die bewusste Integration positiv besetzter Tätigkeiten Stress zu verringern bzw. auszugleichen.

8.3   Boreout, Burnout und Flow

Wir sind Stress im Arbeitsleben nicht zwangsläufig hilflos ausgeliefert. Es gibt zahlreiche Möglichkeiten, selbstwirksam auf unseren Stresslevel einzuwirken. Das Yerkes-Dodson-Gesetz veranschaulicht, wie sich unser Erregungsniveau auf unsere Leistungsfähigkeit auswirkt. Sind wir unterfordert, langweilen wir uns. Unsere Effektivität und Produktivität sind niedrig. Sind wir überfordert, nimmt unser Leistungsniveau mit zunehmender Anspannung ebenfalls kontinuierlich ab. Beide Zustände verursachen Stress. Der Idealzustand für eine optimale Leistung befindet sich zwischen den beiden Polen von Unterforderung und Überforderung (Yerkes und Dodson 1908).

Diese Beobachtung deckt sich mit den Untersuchungen des Glücks- und Kreativitätsforschers Mihaly Csikszentmihalyi. Der von ihm geprägte Begriff des Flow beschreibt einen Zustand vollkommener Zufriedenheit mit der aktuellen Tätigkeit. Im Flow-Erleben vergisst man alles um sich herum und geht vollkommen in seiner Aufgabe auf. Zum Erreichen dieses Zustands ist ein Gleichgewicht von Anforderungen und Fähigkeiten, um diese zu bewältigen, notwendig. In seinem Flow-Modell beschreibt Csikszentmihalyi mit dem jeweiligen Anforderungs- und Bewältigungsniveau verbundene Emotionen und Zustände. Sind die uns gestellten Aufgaben zu einfach in Hinblick auf unsere Fähigkeiten, erleben wir im besten Falle Langeweile, Lustlosigkeit oder Unzufriedenheit. Im Extremfall erfahren wir sogar einen Zustand der Apathie und fühlen uns auf Dauer deprimiert. Sind die Anforderungen zu hoch und haben wir das Gefühl, diese nicht bewältigen zu können, entstehen Zustände wie Besorgtheit oder Angst, einhergehend mit Gefühlen wie Anspannung, Traurigkeit und erhöhter Wachheit. Die oben genannten Stresshormone wie Cortisol werden ausgeschüttet und verursachen Stressreaktionen im Körper. Erleben wir die an uns gestellten Anforderungen als bewältigbare Herausforderung, arbeiten wir wach und konzentriert. Adrenalin gibt uns möglicherweise noch einen Motivationsschub. Sind unsere Fähigkeiten hoch genug, um eine Aufgabe ohne Stressempfinden erledigen zu können, haben wir ein Gefühl von Kontrolle und fühlen uns zuversichtlich. Wenn nun Anforderung und Fähigkeiten genau im richtigen Verhältnis zueinander stehen, tritt der genannte Flow-Effekt ein und wir erleben unsere Arbeit gar als erfüllend (Csikszentmihalyi 2014, S. 100).

Im Homeoffice sind Mitarbeitende in hohem Maße selbst dafür verantwortlich, die richtige Balance zwischen Unterforderung und Überforderung für den Erhalt der eigenen Gesundheit und somit für eine optimale Leistungsfähigkeit zu finden. Wie kann man dies nun selbstwirksam beeinflussen oder ein Ungleichgewicht erkennen?

Zunächst ist es wichtig, die Signale des eigenen Körpers wahrzunehmen. Dabei helfen uns die so genannten somatischen Marker, ein Konzept, das der Neurowissenschaftler Antonio Damasio entwickelte (Bechara und Damasio 2005, S. 336–372). Der Resilienzexperte Sebastian Mauritz erklärt das Konzept wie folgt:

> „(Damasio) stellte die These auf, dass Menschen emotionale Erfahrungen im Körper verinnerlichen und diese später Einfluss auf unsere Entscheidungen nehmen. Dieses unterbewusste Erfahrungswissen zeigt sich durch körperliche Empfindungen, eben die somatischen Marker („soma" stammt aus dem Griechischen und bedeutet „Körper"). Wie zeigen sich somatische Marker? Die körperlichen Reaktionen auf bestimmte Themen oder Situationen sind wie ein inneres Bewertungssystem. Eines, das noch dazu recht schlicht ist. Es geht entweder um Vermeidung oder um Annäherung. Wie eine innere Ampel, die Ja und Nein anzeigt. Die somatischen Marker zeigen sich bei jedem Menschen individuell. Kribbeln im Bauch, Enge in der Brust, Weite im Kopf oder kalte Hände – all das sind Körperempfindungen, die auf unseren emotionalen Erfahrungen beruhen." (Mauritz 2020).

Wenn wir lernen, auf diese Empfindungen zu achten und sie als Hinweise auf Stress oder Zufriedenheit verstehen, können wir rechtzeitig gegensteuern, bevor der Stress zu groß wird. Bei der Arbeit im Homeoffice kann man diese Empfindungen nutzen, um mögliche Stressquellen zu erkennen und zu verändern. Sorgt zum Beispiel eine Online-Präsentation für übermäßige Nervosität, sollte dies im Vorfeld angesprochen werden. Mögliche Lösungen können hier etwa die Bitte um technische Unterstützung durch Fachleute und Sicherheit durch Übung in einem kleineren Kreis vor der eigentlichen Präsentation sein.

Ein wichtiger Indikator dafür, ob wir uns in einer Situation wohlfühlen oder sie ablehnen, sind unsere Emotionen. Emotionen sind eng mit unseren Werten und Motiven verknüpft. Werden unsere Werte erfüllt und unsere Motive befriedigt, empfinden wir Emotionen wie Stolz oder Freude. Emotionen wie Angst oder Ärger deuten darauf hin, dass unsere Werte verletzt werden oder unsere Motive nicht beachtet werden. Löst die Arbeit im Homeoffice zum Beispiel Angst darüber aus, dass bekannte Tagesstrukturen wegfallen, könnte das ein Hinweis darauf sein, dass der Wert der bzw. das Bedürfnis nach Sicherheit verletzt wird. Das Empfinden von Einsamkeit ist ein Hinweis darauf, dass dem Bedürfnis nach sozialen Kontakten nicht ausreichend nachgekommen wird. Emotionen geben uns also wichtige Hinweise darauf, was wir in einer Situation brauchen. Treten negativ empfundene Emotionen auf, sollte überlegt werden, wie die Situation verbessert werden kann. Das Sicherheitsbedürfnis kann im Homeoffice zum Beispiel durch einen strukturierten Tagesablauf, klar vereinbarte Ziele und durch das regelmäßige

Einholen von Feedback gestärkt werden. Das Bedürfnis nach sozialen Kontakten kann durch einen häufigeren Austausch mit anderen Teammitgliedern im Chat oder durch Videotelefonie erfüllt werden.

Wichtig ist in jedem Fall, auftretende somatische Marker und Emotionen wahrzunehmen und entsprechend zu handeln. Werden diese Signale ignoriert, führt das zu einem steigenden Stressniveau.

Dauern die beschriebenen Zustände der Unterforderung und damit einhergehenden Emotionen lange an, kann es zu einem so genannten Boreout kommen. Die Symptome sind ähnlich wie bei einem Burnout (etwa Antriebs- und Lustlosigkeit, Müdigkeit, Schlafstörungen und Unzufriedenheit im Job), nur ist eben die Ursache eine andere. Dauert der Zustand der Überforderung mit den damit verbundenen Empfindungen zu lange an, kann es zu einem chronischen Erschöpfungszustand, einem Burnout, kommen, das sich in mehreren Phasen entwickelt. Um frühzeitig eingreifen zu können, ist es hilfreich, die Symptome eines Burnouts zu kennen.

Der Burnout-Forscher Matthias Burisch beschreibt unter anderem folgende Symptome im Verlauf eines Burnouts:

Phase 1: Überhöhter Energieeinsatz, keine Erholung nach Feierabend, Perfektionismus und Pflichtgefühl
Phase 2: Emotionale Reaktionen: Gereiztheit, Verbitterung, Schuldzuweisungen, depressive Gefühle wie Hilflosigkeit und Selbstmitleid
Phase 3: Reduziertes Engagement, Nachlassen der Kräfte, Widerwille gegen die Arbeit
Phase 4: Abbau der kognitiven Ressourcen: Flüchtigkeitsfehler, Konzentrationsschwierigkeiten, schwindende Kreativität und Motivation
Phase 5: Abnahme von Anteilnahme und Emotionen, wenig Interesse, zunehmende Distanz zu Kollegen, Freunden und Familie
Phase 6: Psychosomatische Reaktionen wie häufige Infekte, Schlafstörungen, Kurzatmigkeit, Muskelverspannungen, Kopf- und Rückenschmerzen, Herzprobleme, vermehrter Genuss von Alkohol und Zigaretten, u. ä.
Phase 7: Verzweiflung, Gefühl des hilflosen Ausgeliefertseins und der Sinnlosigkeit, Hoffnungslosigkeit, Suizidgedanken
(Burisch 2014; Eberle 2019)

Im Homeoffice trägt jeder Einzelne verstärkt die Verantwortung zur Selbstfürsorge. Sollten Sie die genannten Symptome und Stressmerkmale häufiger oder auf Dauer bei sich feststellen, ist es wichtig, diese ernst zu nehmen und so früh wie möglich entgegen zu wirken:

- Hinterfragen Sie, was die Ursachen für Ihren erhöhten Stresslevel sein könnten.
- Holen Sie sich entsprechende Unterstützung, sprechen Sie zum Beispiel mit Ihrer Führungskraft, um arbeitsbedingte Ursachen wie z. B. fehlende Ressourcen zu beseitigen.
- Auch die Unterstützung eines Coachs kann für Stressprävention, Stressmanagement und das Erlernen von Entspannungstechniken sehr hilfreich sein.
- Im fortgeschritteneren Stadium eines Burnouts ist unbedingt ein Arzt und/oder ein Therapeut hinzuzuziehen.

Zudem gibt es zahlreiche Möglichkeiten, selbst vorbeugend auf die Entwicklung von Stress im Homeoffice einzuwirken, auf die im nachfolgenden Kapitel näher eingegangen wird.

8.4   Erfolgsfaktoren für die Arbeit zuhause

Für den Erhalt der persönlichen Gesundheit spielen zahlreiche Faktoren eine Rolle. Im Folgenden sollen einige erläutert werden, die geeignet sind, Gesundheit selbstwirksam im Homeoffice positiv zu beeinflussen.

Die Salutogenese, die der Soziologe Aaron Antonovsky begründete, stellt die Frage, was den Menschen gesund erhält. Antonovsky nennt dafür als wichtigste Faktoren Verstehbarkeit, Machbarkeit und Sinnhaftigkeit. (Antonovsky 1987) Bezogen auf die Arbeitswelt bedeutet das:

- Verstehbarkeit: Die zu erfüllenden Aufgaben und Ziele sind klar und eindeutig formuliert.
- Machbarkeit: Die Aufgaben sind entsprechend der jeweiligen Fähigkeiten, Fertigkeiten und Ressourcen bewältigbar.
- Sinnhaftigkeit: Die Aufgaben werden kurz-, mittel- und langfristig als sinnvoll im Gesamtzusammenhang erlebt.

Durch die räumliche Distanz zwischen Teammitgliedern und Führungskräften im Homeoffice ergeben sich veränderte Kommunikationsstrukturen. Viele Informationen, die der oder die Einzelne bei der Arbeit am Unternehmensstandort in Teammeetings oder durch Gespräche während des Arbeitsalltags erhält, kommen bei der Arbeit im Homeoffice oft gar nicht oder nur eingeschränkt an. Auch das Gefühl des Eingebundenseins ins Gesamtgeschehen nimmt ab. Zuhause werden unter Umständen andere Fähigkeiten und Fertigkeiten benötigt als im Büro.

Kenntnisse in den Bereichen Selbstmanagement, Zeitmanagement und selbstbestimmtes Arbeiten sind im Homeoffice noch wichtiger als bei der Arbeit vor Ort im Unternehmen. Häufig stehen benötigte Ressourcen daheim nicht im selben Maße zur Verfügung wie im Standortbüro. Diese Gegebenheiten können verstärkt dazu führen, dass die genannten Faktoren der Verstehbarkeit, Machbarkeit und Sinnhaftigkeit nicht immer erfüllt werden. Da diese aber grundlegend für die Erhaltung der Gesundheit sind, sollte ihre Erfüllung gewährleistet sein. Hilfreich können im Homeoffice folgende Fragen sein:

Verstehbarkeit:
Weiß ich auch bei der Arbeit zu Hause, was genau erwartet wird?
Weiß ich, welche Rolle ich bei der Zusammenarbeit auf Distanz im Team habe?
Wurden zu erreichende Ziele, Meilensteine und Zeitfenster von der Führungskraft klar kommuniziert?

Machbarkeit:
Habe ich alle notwendigen Kenntnisse und Ressourcen, um im Homeoffice zu arbeiten?
Ist mein Arbeitsplatz geeignet? Brauche ich vielleicht zusätzliches Mobiliar, Arbeitsmaterial oder technische Unterstützung?
Habe ich Zugriff auf notwendige Informationen und Dokumente?
Weiß ich, wo ich im Bedarfsfall Unterstützung finde?
An wen kann ich mich wenden, wenn ich Expertenwissen benötige oder Probleme auftauchen?

Sinnhaftigkeit:
Habe ich das Gefühl, dass die von mir erledigten Aufgaben nützlich sind?
Leiste ich mit meiner Tätigkeit einen wertvollen Beitrag, um Ziele im Team oder größere Unternehmensziele zu erreichen?
Kann ich mich mit diesen Zielen identifizieren?
Wenn Sie feststellen, dass die Antwort auf eine dieser Fragen negativ ausfällt oder eine Frage nicht klar zu beantworten ist, sollten Sie dies an geeigneter Stelle ansprechen, um eine erfolgreiche und erfüllende Arbeit im Homeoffice sicherzustellen.
Auch bei der Arbeit zuhause sind Mitarbeitende weiterhin Teil eines Teams. Das Unternehmen Google hat in einer firmeninternen Studie (Rozovsky 2015) fünf Faktoren herausgearbeitet, die in besonders erfolgreichen Teams gegeben sind. Diese sind in Teilen deckungsgleich mit den genannten gesunderhaltenden Faktoren Verstehbarkeit, Machbarkeit und Sinnhaftigkeit:

1. Psychologische Sicherheit
2. Zuverlässigkeit
3. Struktur und Klarheit
4. Sinnhaftigkeit der Arbeit
5. Wirksamkeit / Einfluss

Psychologische Sicherheit im Team wird vermittelt durch eine gesunde Fehlerkultur und gemeinsame Werte im Unternehmen, Fehler werden reflektiert, es wird konstruktiv nach Lösungen statt nach Schuldigen gesucht. Die Teammitglieder können sich untereinander und den Führungskräften vertrauen und müssen bei Fehlern oder ungewöhnlichen Vorschlägen keine negativen Reaktionen befürchten. Zudem können sich in hoch performativen Teams alle aufeinander verlassen und wissen, dass verteilte Aufgaben gewissenhaft und termingerecht erledigt werden. Die Ziele für das Team werden klar kommuniziert, die Aufgaben- und Rollenverteilung ist jedem Teammitglied bewusst. Leistungsstarke Teams haben das Gefühl, dass ihre Arbeit sinnvoll und im Gesamtgefüge von Nutzen ist und sich positiv auf die Unternehmensziele auswirkt (Rozovsky 2015).

Bei der Arbeit im Homeoffice ist es besonders wichtig, dass diese Faktoren erfüllt werden, um als Team auch auf Distanz gut zusammenzuarbeiten. Sie sollten immer wieder hinterfragen, ob das eigene Verhalten, das Ihrer Teammitglieder, aber auch das der Führungskräfte geeignet ist, um die genannten Punkte zu stärken.

Folgende Fragen könne dabei hilfreich sein:

1. **Psychologische Sicherheit**
   Ist es auch aus dem Homeoffice heraus möglich, Probleme anzusprechen?
   Ist die Führungskraft präsent?
   Ist sie oder er offen für das Ansprechen auftretender Probleme?
   Wird gemeinsam im Team konstruktiv nach Lösungen gesucht?
2. **Zuverlässigkeit**
   Halte ich selbst, aber auch die anderen Teammitglieder Absprachen und Zeitvorgaben ein?
   Können sich alle Teammitglieder auch auf Distanz aufeinander verlassen?
   Werden die verteilten Aufgaben auch remote zuverlässig erfüllt?
   Sind andere Teammitglieder und Sie selbst im Bedarfsfall erreichbar?
3. **Struktur und Klarheit**
   Wissen alle im Team und Sie selbst, wer welche Rolle einnimmt?
   Welche Aufgaben sind aktuell zu erledigen? Von wem? In welchem Zeitraum?

Haben alle Teammitglieder auch zuhause aktuelle Informationen über Fortschritte und Projektstände?

4. **Sinnhaftigkeit der Arbeit**

Kennen alle im Team die Ziele und Meilensteine, auf die gemeinsam hingearbeitet wird?

Ist allen im Team klar, wozu ihr Beitrag und ihre Tätigkeit dienen, um diese Ziele zu erreichen?

Gibt es eine gemeinsame Mission oder Vision, die alle Teammitglieder teilen können?

5. **Wirksamkeit / Einfluss**

Haben die Teammitglieder auch im Homeoffice die Möglichkeit, Entscheidungen mitzutreffen?

Werden Vorschläge von Teammitgliedern zu Verbesserungen gehört und umgesetzt?

Bewirkt das Ansprechen von Problemen konkrete Lösungen?

Werden auch im Homeoffice Erfolge im Team sichtbar gemacht?

Die Beantwortung dieser Fragen kann Mitarbeitenden im Homeoffice helfen zu analysieren, wo es Handlungsbedarf gibt. Zum Erhalt der Gesundheit aller Teammitglieder ist es sinnvoll, die genannten Themen im Bedarfsfall proaktiv anzusprechen, z. B. in einem Teammeeting, oder zunächst im direkten Dialog mit der Führungskraft.

8.5 Praxistipps für mehr Gesundheit im Homeoffice

Die Arbeit im Homeoffice bedingt zahlreiche Veränderungen der täglichen Abläufe, die einen Einfluss auf die Gesundheit von Mitarbeitenden haben können. So verlangt die Arbeit zu Hause ein wesentlich höheres Maß an Selbstorganisation und Selbstfürsorge als das Arbeiten im Unternehmen. Im Büro gibt es meist feste Tagesabläufe und eingespielte Handlungsweisen und Gewohnheiten, die für Sicherheit sorgen. Diese fallen im eigenen Zuhause weg, was zu Unsicherheit führen kann. Wegstrecken entfallen, der Bewegungsradius nimmt im Homeoffice folglich ab. Zudem verringern sich bei der Arbeit zu Hause häufig die zwischenmenschlichen Interaktionen mit den Kollegen, was die Gefahr der Isolation begünstigt.

Klein et al. (2019) haben untersucht, wie sich eine Isolation von 30 Tagen auf Versuchspersonen auswirkt. Es ging um die Untersuchung der Auswirkungen von längeren Missionen im Weltraum. Andere Untersuchungen zeigten, dass Isolation zu Einbußen bei den kognitiven Fähigkeiten führt (Basner et al. 2014; Gemignani et al. 2014). Bei dem Versuch von Klein et al. (2019) wurde eine deutliche Zunahme an Stress (gemessen anhand des Cortisol-Levels) im Vergleich zu einer Kontrollgruppe festgestellt. Bei der Experimental-Gruppe kam es jedoch nicht zu einer Verminderung der kognitiven Leistung und der Stimmungslage. Hierfür werden drei Faktoren als Gründe genannt: Aufbau einer täglichen Routine und eines strukturierten Tagesablaufes, sportliche Aktivitäten und eine gute Schlafqualität. Diese verminderten die Folgen der Isolation. Da vielen Mitarbeitenden im Homeoffice eine Vielzahl der sozialen Kontakte (temporär) verloren geht, der Tagesablauf selbst strukturiert werden muss, und die Trennung zwischen Arbeits- und Freizeit unscharf wird, lohnt es sich, diesen Faktoren besondere Beachtung zu schenken.

Die AutorInnen haben aus ihrer langjährigen Erfahrung bei der Unterstützung von Teams im Homeoffice eine Checkliste für eine effiziente und zugleich gesunde Selbstorganisation bei der Arbeit zu Hause entwickelt:

Checkliste/Praxistipps
Einrichtung des Arbeitsplatzes
Wohnmöbel sind häufig ungeeignet für die Büroarbeit. Eine gekrümmte Sitzhaltung am Couchtisch sollte vermieden werden.
Folgende Maßnahmen sind dabei hilfreich:

- Der Bildschirm sollte auf Augenhöhe stehen.
- Ein Skripthalter für Papierdokumente sorgt für einen geraden Blick und verhindert so eine Überlastung des Nackens.
- Die Lichtverhältnisse sollten den persönlichen Bedürfnissen angepasst werden; der Computer sollte nicht die einzige Lichtquelle im Raum sein.
- Mitarbeitende sollten sich eine Umgebung schaffen, in der sie sich wohlfühlen.

Bewegung
Im Homeoffice sitzt man meist deutlich länger an einem Platz als im Büro. Das kann zu schmerzhaften Verspannungen und Rückenschmerzen führen. Diese Maßnahmen fördern die Bewegung am Arbeitsplatz zu Hause:

- Eine häufige Veränderung der Sitzhaltung hält den gesamten Bewegungsapparat in Schwung. Hilfreich kann hier ein Sitzball oder ein Luftkissen sein. Durch die Nutzung führt man ständig Mikrobewegungen aus, um den Körper auszubalancieren.

- Auch ein Wechsel zwischen sitzender und stehender Arbeitshaltung hilft, die Beweglichkeit zu erhalten. Steht zu Hause kein höhenverstellbarer Tisch zur Verfügung, kann z. B. ein Karton oder ein dickes Buch unter den Laptop gestellt werden.
- Während eines Telefonats empfiehlt es sich, durch die Wohnung zu laufen.
- Frische Luft sorgt für mehr Effektivität. Kurz auf den Balkon treten und sich strecken oder einmal um den Block laufen aktiviert das Gehirn und verhindert, dass einem „die Decke auf den Kopf fällt".
- In den Tagesverlauf sollten Übungen für den Rücken, Dehnübungen, Yoga oder ähnliches eingebaut werden.

Pausen

Im Homeoffice fehlen Gespräche mit Kollegen. Die Folge sind oft längere Arbeitszeiten als im Büro. Besonders wichtig ist deshalb die konsequente Einplanung und Einhaltung von Pausenzeiten auch im Homeoffice. Auf Zeiten des produktiven Arbeitens und der Anspannung müssen unbedingt Phasen der Regeneration folgen. Um wirklich abschalten zu können, sollen dies echte Pausen sein, keine Zeiten, die für andere Arbeiten genutzt werden.

Arbeitszeiten

Auch im Homeoffice müssen die gesetzlichen Arbeits- und Ruhezeiten eingehalten werden. Dabei kann es helfen, den Arbeitstag für sich offiziell zu beenden, indem man etwa zum Feierabend die Arbeitsmaterialien aus dem Blickfeld räumt. Auch der Wechsel von Arbeits- und Freizeitkleidung hilft dabei, vom Arbeits- in den Freizeitmodus zu wechseln.

Abgrenzung

Störungen verursachen Stress. Mit eventuellen anderen Bewohnern in der Wohnung sollte geklärt werden, zu welchen Zeiten man in der Arbeit ist und nicht gestört werden möchte. Kopfhörer mit Noise Cancelling-Funktion können hier sehr hilfreich sein.

Schutz vor Vereinsamung

Alle Teammitglieder sollten per Chat, Telefonie und Videotelefonie in regelmäßigem Kontakt mit ihren Kollegen bleiben. Auch im Homeoffice hebt Humor die Stimmung und stärkt den Zusammenhalt – das Verschicken von Memes oder lustige Grafiken und Bildern im Team sollte daher unbedingt erlaubt sein.

Planung des Tagesablaufs

Wenn der gewohnte Tagesablauf im Homeoffice plötzlich fehlt, fühlen sich viele Mitarbeitende überfordert damit, wie sie den Arbeitstag gestalten sollen. Ein fester Tagesablauf schafft jedoch Sicherheit und fördert produktives Arbeiten. Dabei helfen folgende Schritte bei der Selbstorganisation:

- Die Planung des Tages mit einer persönlichen Agenda: Aufgaben und deren Priorisierung, Arbeitszeiten und Pausen sollten am Morgen festgelegt werden.
- Die Übernahme von Routinen aus dem Büroalltag: Der Jour fixe kann z. B. am zur selben Zeit wie immer stattfinden, eben nur virtuell. Die Mittagspause kann z. B. zur selben Zeit wie im Büro üblich stattfinden.
- Freizeitaktivitäten beibehalten: Auch im Homeoffice sollten gewohnte Termine wie Sport oder gebuchte Kurse regelmäßig besucht werden und nicht etwa zugunsten der flexibleren Arbeitszeiten abgesagt werden.

Natürlich ist im Homeoffice meist eine flexiblere Zeiteinteilung möglich als im Unternehmen. Dennoch sollten gerade Mitarbeitende im Homeoffice auf eine ausgeglichene Verteilung von Arbeitszeit, Pausen und Freizeit achten und dabei auch ausreichende Ruhe- und Schlafzeiten zur Erhaltung der persönlichen Gesundheit bewusst in den Tagesablauf einplanen.

Zukunftsperspektiven

9

Die Arbeitswelt durchläuft einen Transformationsprozess. Arbeitsmodelle der letzten Jahrzehnte, bei denen Arbeitskraft und Lebenszeit gegen Geld eingetauscht wurden, befinden sich im Wandel. Der Begriff New Work, geprägt durch den Philosophen Frithjof Bergmann, ist heute in aller Munde. In seinem Buch „Neue Arbeit, neue Kultur" (Bergmann 2019) beschreibt er Begriffe wie Freiheit, Selbstständigkeit und Teilhabe als zentrale Begriffe neuer Arbeitsmodelle. Die Überlegungen Frithjof Bergmanns sind aktueller denn je. Dabei sind die Definitionen für den Begriff New Work heute vielfältig. Homeoffice kann dabei ein Baustein bei der Entwicklung und Umsetzung zeitgemäßer Arbeitsmodelle sein. Die Ereignisse der Corona-Pandemie im Jahr 2020 haben die Entwicklung der Arbeit im Homeoffice rasant beschleunigt und gezeigt, wie wichtig es ist, Mitarbeitenden die Möglichkeit der Arbeit zu Hause zu geben. Es hat sich während des Lockdowns, als ganze Belegschaften plötzlich im Homeoffice arbeiten mussten, herausgestellt, dass viele Unternehmen auf diese Situation nicht oder nur unzureichend vorbereitet waren. Technische Voraussetzungen für die Arbeit im Homeoffice mussten geschaffen und Mitarbeitende wie Führungskräfte für die Arbeit auf Distanz geschult werden. Es ist anzunehmen, dass die Entwicklungen dieser Zeit nicht vollständig rückgängig gemacht werden können. Die gewonnenen Erkenntnisse sollten nun vielmehr für die Weiterentwicklung der Remote Work genutzt werden. Untersuchungen des Münchner Ifo-Instituts zeigen, dass gut die Hälfte der deutschen Unternehmen auch nach der Pandemie weiterhin die Arbeit im Homeoffice ermöglichen wollen (Alipour, Falck und Schüller 2020). Eine Umfrage von Spiegel online bei den Dax-Konzernen bestätigt, dass die 30 größten deutschen Unternehmen künftig die Arbeit im Homeoffice gezielt ausbauen wollen (Hoffmann 2020). Demzufolge haben die Unternehmen entgegen vorher bestehender Vorurteile während des Lockdowns gute Erfahrungen

M. Landes et al., *Erfolgreich und gesund im Homeoffice arbeiten*, essentials, https://doi.org/10.1007/978-3-658-32633-3_9

mit ihren Mitarbeitenden im Homeoffice gemacht und sogar eine Steigerung der Produktivität verzeichnet. Sie gehen davon aus, dass die Arbeit im Homeoffice zunehmen wird und planen verstärkt hybride Arbeitskonzepte, die abhängig von Anforderungen wie Aufgaben und spezifischen Situation eine flexiblere und selbstbestimmtere Wahlmöglichkeit von Arbeitsorten erlauben. Unternehmen wie der Versicherungskonzern Allianz oder Siemens strukturieren um und nutzen die durch den Ausbau des Homeoffice entstehenden Vorteile, wie etwa sinkende Reisekosten oder die Einsparung von Büroflächen, was gerade in Ballungsräumen einen erheblichen Kostenfaktor darstellt (Herz und Schnell 2020).

Der Ausbau hybrider Konzepte, also der Möglichkeit sowohl im Unternehmen, als auch zuhause zu arbeiten, ist in vielerlei Hinsicht sinnvoll. Homeoffice bietet Vorteile für Unternehmen und Mitarbeitende gleichermaßen. Allerdings haben die intensiven Erfahrungen während der Corona-Pandemie auch noch einmal die Grenzen dieser Arbeitsform deutlich gemacht. Arbeiten im Homeoffice und eine gleichzeitige Betreuung von Kindern hat sich vielerorts als sehr schwierig erwiesen. Zudem hat sich gezeigt, dass trotz ausgefeilter Technologien und Tools zwischenmenschliche Begegnungen bei der Arbeit auf Distanz an Qualität einbüßen.

In Hinblick auf Nachhaltigkeit und Umweltschutz wird ein Umdenken hin zu flexibleren Arbeitsmodellen zudem immer mehr an Wichtigkeit gewinnen.

In Zukunft werden Unternehmen verstärkt die Aufgabe haben, diesen Entwicklungen Rechnung zu tragen und Verantwortung für ihre Mitarbeitenden durch die Bereitstellung angemessener Rahmenbedingungen für zeitgemäße Arbeitsformen zu übernehmen.

Was Sie aus diesem essential mitnehmen können

- Informationen zu den Anforderungen von Mitarbeitenden an einen Homeoffice-Arbeitsplatz
- Wissen über Rollen und Aufgaben von Führungskräften und Mitarbeitenden in dezentralen Teams
- Geeignete Maßnahmen für erfolgreiche Teamarbeit auf Distanz
- Umgang mit Veränderungen beim Wechsel ins Homeoffice
- Wissenschaftliche Erkenntnisse zu Motivation und Gerechtigkeit im Homeoffice mit Checklisten
- Hintergründe und Checklisten zu Rahmenbedingungen erfolgreicher Arbeit im Homeoffice: Einrichtung von Homeoffice-Arbeitsplätzen, Selbstorganisation, Zeitmanagement, Kommunikation und Online-Meetings
- Wissenschaftliche Hintergründe zum Thema Stress, sowie praktische Maßnahmen zur Erhaltung und Förderung von Gesundheit im Homeoffice

Literatur

Alipour, J.-V., Falck, O. & Schüller, S. (2020). Homeoffice während der Pandemie und die Implikationen für eine Zeit nach der Krise. *ifo Schnelldienst 7/2020*, 73. Jahrgang. München.

Antonovsky, A. (1987). *Unraveling the Mystery of Health: How People Manage Stress and Stay Well.* San Francisco: Jossey-Bass Inc.

Andreasen, N. (2011). A Journey into Chaos: Creativity and the Unconscious. *Mens sana monographs. 9.* S. 42-53.

Basner, M., Dinges, D. F., Mollicone, D. J., Savelev, I., Ecker, A. J., Di Antonio, A., Jones, C. W., Hyder, E. C., Kan, K., Morukov, B. V. & Sutton, J. P. (2014). Psychological and behavioral changes during confinement in a 520-day simulated interplanetary mission to mars. *PLoS One*, 9(3), e93298.

Bechara, A. & Damasio, A.R. (2005). The somatic marker hypothesis: a neural theory of economic decision. *Games and Economic Behavior.* 52. S. 336-372.

Bergmann, F. (2019). *Neue Arbeit, neue Kultur.* 1. Auflage. Freiburg: Arbor.

Bies, R. J. & Moag, J. F. (1986). Interactional justice: Communication criteria of fairness. In: R.J. Lewicki, B.H. Sheppard & M.H. Bazerman (Hrsg.), *Research on negotiation in organizations.* Greenwich: JAI Press. S. 43–55.

Brandt, M. (2019). Home Office in Deutschland. URL: https://de.statista.com/infografik/9161/ verbreitung-von-home-office-in-deutschland/ (Stand: 5.9.2019).

Brenke, K. (2016). Home Office: Möglichkeiten werden bei weitem nicht ausgeschöpft. DIW Wochenbericht Nr. 5/2016, Seite 103. https://www.diw.de/documents/publikationen/73/diw_01.c.526038.de/16-5-1.pdf (Stand 30.12.2019).

Burisch, M. (2014). *Das Burnout-Syndrom. Theorie der inneren Erschöpfung.* 5. Auflage. Heidelberg: Springer.

Cevey, B. & Prange, P. (1999). Vom Nutzen der Veränderung - Personalentwicklung und Organisationsentwicklung im Zeichen des Wandels. In: H. Spalink (Hrsg.), *Werkzeuge für das Change-Management.* Frankfurt: Frankfurter Allgemeine Buch. S. 113–142.

Colquitt, J.A. (2001). On the Dimensionality of Organizational Justice: A Construct Validation of a Measure. *Journal of Applied Psychology (6)*, H.3. S. 386–400.

Csikszentmihalyi, M. (2014). *Flow im Beruf. Das Geheimnis des Glücks am Arbeitsplatz.* Stuttgart: Klett-Cotta. S. 100.

© Der/die Herausgeber bzw. der/die Autor(en), exklusiv lizenziert durch Springer Fachmedien Wiesbaden GmbH, ein Teil von Springer Nature 2021
M. Landes et al., *Erfolgreich und gesund im Homeoffice arbeiten*, essentials, https://doi.org/10.1007/978-3-658-32633-3

Disselhoff, F. (2015). Keiner ist so gestresst wie die Deutschen. URL: https://meedia.de/2015/10/28/europaweite-job-studie-behauptet-kaum-einer-ist-so-gestresst-wie-die-deutschen/ (Stand: 5.9.2019).

Eberle, U. (2019). Das erschöpfte Ich. *Geo Wissen*. Strategie gegen Burnout. Hamburg. Gruner + Jahr.

Fladerer, M. (2016). Gerechtigkeit. In: D. Frey (Hrsg.), *Psychologie der Werte*. Heidelberg: Springer. S. 79–93.

Frey, D., Gerkhardt, M. & Fischer, P. (2008). Erfolgsfaktoren und Stolpersteine bei Veränderungen. In: R. Fisch, A. Müller & D. Beck (Hrsg.), *Veränderungen in Organisationen - Stand und Perspektiven*. Wiesbaden: Springer VS Verlag für Sozialwissenschaften. S. 281–299.

Gemignani, A., Piarulli, A., Menicucci, D., Laurino, M., Rota, G., Mastorci, F., Gushin, V., Shevchenko, O., Garbella, E., Pingitore, A., Sebastiani, L., Bergamasco, M., L'Abbate, A., Allegrini, P. & Bedini, R. (2014). How stressful are 105 days of isolation? Sleep EEG patterns and tonic cortisol in healthy volunteers simulating manned flight to Mars. *International Journal of Psychophysiology*, 93(2), S. 211–219.

Göricke, J. (2011). URL: https://www.sueddeutsche.de/karriere/kreativitaetsforscher-im-gespraech-kreativ-dank-mittagsschlaf-im-buero-1.1064946-0 (Stand: 28.8.2020).

Gottman, J. M. & Levenson, R. W. (1999). Rebound from marital conflict and divorce prediction. *Family Process*, 38(3), S. 287–292.

Grözinger. N., Irlenbusch, B., Laske, K. & Schröder, M. (2020). URL: https://ftp.iza.org/dp13218.pdf (Stand: 28.8.2020).

Heller, J. (2018). *Resilienz für Unternehmen*. Offenbach: Gabal Verlag.

Herz, C. & Schnell, C. (2020). URL: https://amp2-handelsblatt-com.cdn.ampproject.org/c/s/amp2.handelsblatt.com/unternehmen/versicherungen/neue-arbeitswelt-allianz-macht-homeoffice-zur-dauerloesung-mit-weitreichenden-folgen/26075398.html (Stand: 26.8.2020).

Hölper, S. (2020). URL: https://www.tagesspiegel.de/wirtschaft/kreativitaet-im-homeoffice-ideenschmiede-wohnzimmer/26053252.html (Stand: 28.8.2020).

Hoffmann, C. & Lang, B. (2008). *Das Intranet*. 2. Aufl. Konstanz: UVK.

Hoffmann, M. (2020). URL: https://www.spiegel.de/karriere/homeoffice-so-stellen-sich-die-dax-konzerne-das-neue-new-normal-vor-a-afa46b7e-eec4-4d63-96cc-1908122cf08c (Stand: 26.8.2020).

Hohenberger, C. & Spörrle, M. (2013). Motivation und motivationsnahe Phänomene im Kontext wirtschaftlichen Handelns. In: M. Landes & E. Steiner (Hrsg), *Psychologie der Wirtschaft*. Wiesbaden: Springer. S. 103–121.

Klein T., Rossiter A., Weber J., Foitschik T., Crucian B., Schneider S. & Abeln V. (2019). Isolation, Sleep, Cognition and neurophysiological Responses – An Investigation in the Human Exploration Research Analog (HERA). *Front. Physiol. Conference Abstract*: 39th ISGP Meeting & ESA Life Sciences Meeting. doi: https://dx.doi.org/10.3389/conf.fphys.2018.26.00045.

Landes, M., Steiner, E., Wittmann, R. & Utz, T. (2020). *Führung von Mitarbeitenden im Home Office. Umgang mit dem Heimarbeitsplatz aus psychologischer und ökonomischer Perspektive*. Wiesbaden: Springer Gabler.

Landes, M. & Steiner, E. (2014). *Psychologische Auswirkungen von Change Prozessen. Widerstände, Emotionen, Veränderungsbereitschaft und Implikationen für Führungskräfte.* Wiesbaden: Springer Gabler.

Lazarus, R. (1991). Emotion and adaptation. London: Oxford University Press.

Lichtenfeld, S., Elliot, A. J., Maier, M. A., & Pekrun, R. (2012). Fertile Green: Green Facilitates Creative Performance. *Personality and Social Psychology Bulletin,* 38(6), S. 784–797.

Mauritz, S. (2020). URL: https://www.resilienz-akademie.com/somatische-marker-resili enter-entscheiden/ (Stand: 17.7.2020)

McClelland, D. C. (1953). *The Achievement Motive.* New York: Appleton-Century-Crofts.

Nussbaum, C. (2008). *Organisieren Sie noch oder leben Sie schon? Zeitmanagement für kreative Chaoten.* Frankfurt am Main: Campus.

Remdisch, S. (2005). Managing Virtual Teams: The importance of distance leadership - Führung auf Distanz, Forschungsprojekt Distance Leadership – Universität Lüneburg. URL: https://www2.leuphana.de/distanceleadership/download/dl_praesentation-uni.pdf. (Stand 30.12.2019).

Rigos, A. (2019). Wenn Stress krank macht. *Geo Wissen* Nr. 63. Strategien gegen Burnout. Hamburg. S. 20–31.

Roth, S. (2000). Emotionen im Visier – Neue Wege des Change Management. *Organisations-Entwicklung,* (2) 2000. S. 14–21.

Rozovsky, J. (2015). https://rework.withgoogle.com/blog/five-keys-to-a-successful-google-team/ (Stand: 26.8.2019).

Seiwert, L. J. & Tracy, B. (2001). *Life-Leadership. So bekommen Sie Ihr Leben in Balance.* Offenbach: Gabal Verlag. S. 86.

Senninger, T. (2000). *Abenteuer leiten - in Abenteuern lernen.* Münster: Ökotopia.

Stangl, W. (2020). Stichwort: ‚Random Episodic Silent Thought'. Online Lexikon für Psychologie und Pädagogik. URL: https://lexikon.stangl.eu/17775/random-episodic-sil ent-thought/ (Stand: 28.8.2020).

Steelcase (2020). URL: https://www.steelcase.com/eu-de/forschung/artikel/themen/kreati vitat/der-kreative-wandel/ (Stand: 28.8.2020).

Steiner, E. & Landes, M. (2017). *Leistungsorientierte Vergütung: Anreizsysteme wirkungsvoll gestalten.* Freiburg: Haufe.

Suhr, F. (2019). Immer mehr Unternehmen erlauben Home Office. URL https://de. statista.com/infografik/16711/anteil-der-unternehmen-die-homeoffice-erlauben/ (Stand: 5.9.2019).

TK (2015). Depressionsatlas. Arbeitsunfähigkeit und Arzneiverordnungen. URL: https:// www.tk.de/resource/blob/2026640/c767f9b02cabbc503fd3cc6188bc76b4/tk-depressio nsatlas-data.pdf (Stand: 10.7.2020).

Träder, R. (2020). URL: https://7mind.zendesk.com/hc/de/articles/360020465414-Wie-ist-der-Kurs-Achtsamkeitsbasiertes-Stressmanagement-ABSM-aufgebaut- (Stand: 27.8.2020).

Weitzel, T., Eckhardt, A., Laumer, S., Maier, C., Stetten v., A., Weinert, C. & Wirth, J. (2015). *Bewerbungspraxis - Eine empirische Studie mit 7.000 Stellensuchenden und Karriereinteressierten im Internet.* Eschborn: OPUS.

Wittmann, M. (2013). *Gefühlte Zeit: Kleine Psychologie des Zeitempfindens.* München: C.H.Beck-Verlag.

Wittmann M., Dinich J., Merrow M. & Roenneberg T. (2006). Social Jetlag: Misalignment of Biological and Social Time. *Chronobiology International 23*, S. 497–509.

Yerkes, R.M. & Dodson, J.D. (1908). The relation of strength of stimulus to rapidity of habit-formation. *Journal of Comparative Neurology and Psychology 18*. S. 459–482.

zukunftsInstitut (2019). Megatrends. https://www.zukunftsinstitut.de/dossier/megatrends/ (Stand: 30.12.2019).

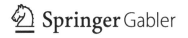

Printed in the United States
By Bookmasters